旅游书架

100+ 二维码扫一扫,
轻松获取权威旅行信息

澳大利亚

穷游也行

《亲历者》编辑部　编著

中国铁道出版社
CHINA RAILWAY PUBLISHING HOUSE

图书在版编目（CIP）数据

澳大利亚穷游也行／《亲历者》编辑部编著 .—北京：中国
铁道出版社，2018.1
　（亲历者·穷游也行）
　ISBN 978－7－113－22875－0

　Ⅰ . ①澳… Ⅱ . ①亲… Ⅲ . ①旅游指南－澳大利亚 Ⅳ . ① K961.19

中国版本图书馆 CIP 数据核字（2017）第 036817 号

书　　名：澳大利亚穷游也行
作　　者：《亲历者》编辑部　编著

策划编辑：聂浩智
责任编辑：王　宏
版式设计：戴立志
责任印制：赵星辰

出版发行：中国铁道出版社（100054，北京市西城区右安门西街 8 号）
印　　刷：北京顶佳世纪印刷有限公司
版　　次：2018 年 1 月第 1 版　2018 年 1 月第 1 次印刷
开　　本：880mm×1230mm　1/32　印张：10　字数：340 千
书　　号：ISBN 978－7－113－22875－0
定　　价：48.00 元

悉尼海港大桥

当你看到
这页文字时

我猜
封面做得还算成功，起码它没恶心到你

我猜
你喜欢旅游，想去澳大利亚，并且想尝试穷游

我猜
你在怀疑这本书是不是在哗众取宠，作者是不是很靠谱

FOREWORD

　　说实在的，尽管去过很多次澳大利亚，我也不敢说能带你疯狂、带你飞，我走我的路，带着自己的习惯与性格。

　　旅行是成长与历练的过程，它不是工作，所以谈不上经验；打小语文跟数学就是混乱着学的，跟我谈常识，我就认为数学应该是语文老师教。

　　那你编的书还能看？

　　小时候呆傻不代表现在愚笨，真诚做人、真诚做事是我的一贯准则，错了就改，落后就努力进步，尊重世间任何事与物。

　　所以，我以诚提笔，将所能提炼出的澳大利亚信息尽数奉献。

再啰嗦两句

　　穷游不是去受罪，而是高效的旅行，同样的花销，有人只去悉尼潇洒了一把，而有人却把澳大利亚体验了个遍。同样，穷游能让更多人出国旅行成为可能，大学生可以，普通职员可以，普通家庭也可以。

■ 希望上面的碎言碎语可以打动你，并准备着手去澳大利亚。关于本书，更希望你能挑出不足，并发送至意见信箱：BJJZBOOKS@126.com，在旅行的道路上，你永远不可能是一个人。

CON-目录
TENTS

行前实用干货

Chapter ONE
新南威尔士州
与首都领地

Chapter **TWO**

维多利亚州

184

墨尔本

Chapter **FIVE**

西澳大利亚州

268

Chapter **SIX**

北领地

288

Chapter SEVEN

塔斯马尼亚州

302

APPENDIX

附录

314

行前
实用干货

准备做得好
出行不用愁

▌澳大利亚区域分布示意图

（地图标注：北领地、昆士兰、西澳大利亚、南澳大利亚、新南威尔士、维多利亚、塔斯马尼亚、澳大利亚首都领地）

① 掌握最有用的基本信息

地理分布情况

　　澳大利亚疆域广袤，地域特征明显，人口分布集中，约80%的澳大利亚人都生活在沿海100公里的范围之内，因此它也是世界上城市化程度最高的国家之一。澳大利亚整个国土被分为6个州和2个地区，详细情况可参考P15表格。

澳大利亚穷游也行

澳大利亚区域分布情况			
州名（中/英）	简写	代表城市	代表景观
昆士兰州 Queensland	QLD	布里斯班、凯恩斯、黄金海岸	大堡礁、黄金海岸
新南威尔士州 New South Wales	NSW	悉尼	蓝山、悉尼港、猎人谷
维多利亚州 Victoria	VIC	墨尔本	大洋路
南澳大利亚州 South Australia	SA	阿德莱德	袋鼠岛
西澳大利亚州 Western Australia	WA	珀斯	波浪岩
塔斯马尼亚州 Tasmania	TAS	霍巴特	摇篮山和殖民建筑
北领地 Northern Territory	NT	达尔文、爱丽丝泉	艾尔斯岩
首都领地 Australian Capital Territory	ACT	堪培拉	公园和花园

气候及衣着

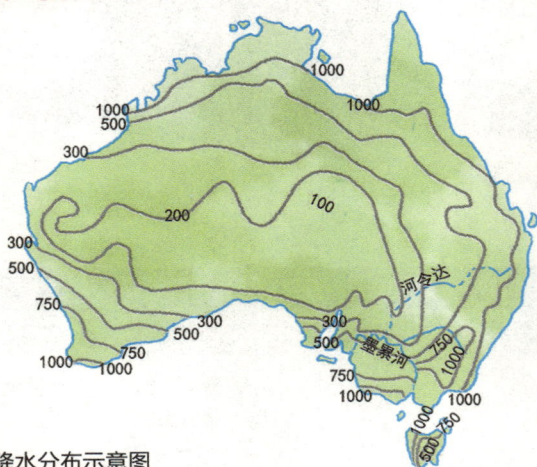

▌ 澳大利亚降水分布示意图

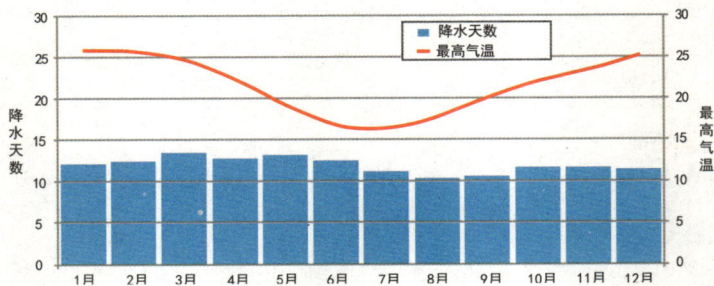

▌ 悉尼气候图

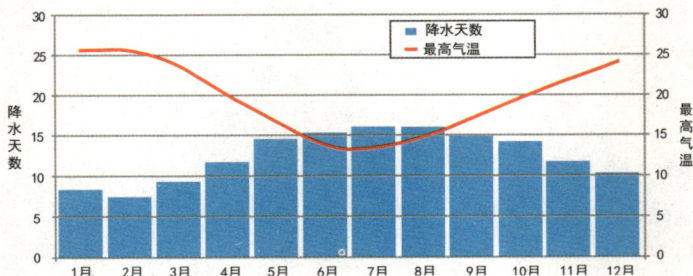

▌ 墨尔本气候图

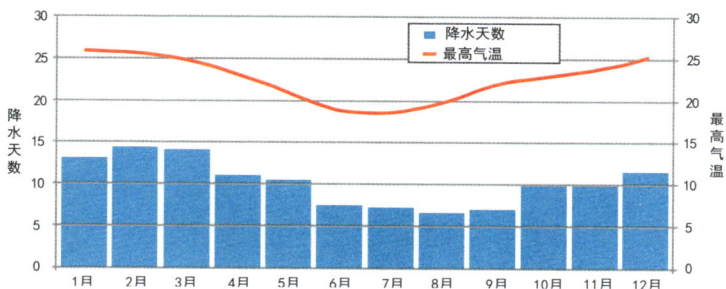

■ 布里斯班气候图

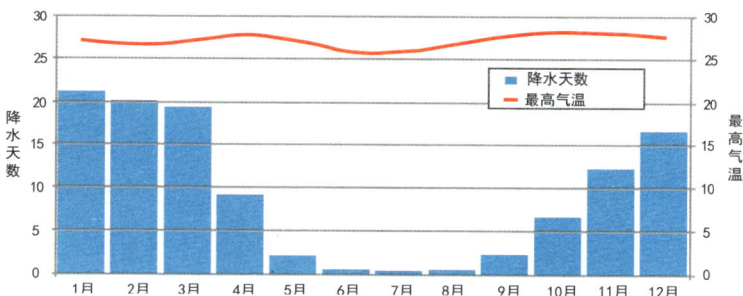

■ 达尔文气候图

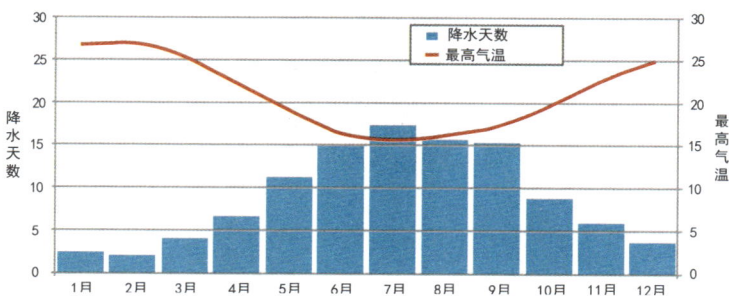

■ 珀斯气候图

澳大利亚四季及穿着				
季节	时间	气候特征	适合活动	衣着
春季	9~11月	郁金香、蓝花楹等鲜花盛开，气候温和	赏花、品尝葡萄酒、户外探险	薄衬衫、薄长裙、薄T恤等清凉透气的衣服

季节	时间	气候特征	适合活动	衣着
夏季	12至次年2月	比较炎热，但早晚比较凉爽；内陆地区日晒强烈，此时温度可超过40℃	野餐、看海、潜水、参加各种节庆活动	短衣、短裤等清凉夏装，以及泳衣、拖鞋；内陆地区需要穿比较透气的衣服
秋季	3~5月	黄叶满地，气候温和宜人	参加丰富多彩的活动，其中包括墨尔本一级方程式GP大赛	衬衫、薄长裙、薄T恤等清凉透气的衣服
冬季	6~8月	内陆地区温度低，北领地冬季夜间气温可降至零度以下	观鲸	不透风的衣物、毛衣、棉外套；在山区做好防寒措施

备注：到底什么时间去澳大利亚比较好？其实澳大利亚四季各具特色，这里推荐《澳大利亚四季旅行》一书，其详细介绍了澳大利亚四季特色及最适合当季游玩的旅行地

TIPS 澳大利亚一年四季阳光猛烈，在户外游玩时，一定要做好防晒设施，需穿上衬衫、戴好帽子和太阳镜，并涂SPF30以上的防晒霜。如果长时间待在户外，需多次涂抹防晒霜，即使是阴天也要这样。可通过P20的二维码查询澳大利亚天气情况，温度、风力、紫外线指数、降水量等信息一应俱全。

澳大利亚夏季圣诞节

可以通过以下二维码来查询澳大利亚的天气情况:

1
www.bom.gov.
au

2
www.weather.
com.au

3
www.weatherzone.
com.au

时差和电压

时差

澳大利亚有3个时区：东部标准时间（EST）（UTC +10，比北京时间快2小时）、中部标准时间（CST）（UTC +9.5，比北京时间快1.5小时）、西部标准时间（WST）（UTC +8，与北京时间相同）。

从10月的第一个周日2:00，到次年4月的第一个周日3:00，新南威尔士州、维多利亚州、南澳大利亚州、塔斯马尼亚州、澳大利亚首都领地实行夏令时。此时，这些地区的时间将会调快1小时。而昆士兰州、北领地和西澳大利亚州均不采用夏令时。

时区	覆盖区域
东部标准时间	昆士兰州、新南威尔士州、维多利亚州、塔斯马尼亚州、澳大利亚首都领地
中部标准时间	南澳大利亚州、新南威尔士州西部的布罗肯山镇以及北领地
西部标准时间	西澳大利亚州

澳大利亚境内常用的电压是220～240V（大多是240V），因为只有20V的波动，所以国内的大多电器可以直接使用（尤其是达到国标的），实在不放心，可以看看所带电器的适用电压。

插座

澳大利亚的插座都是三孔扁口（倒八字形），没有双孔和圆口插座（除刮胡刀专用插座），国内的两脚插头用不了，大多三脚插头可以用，因此只要带个三脚插线板即可。

银行卡与小费

银行卡

澳大利亚的货币是澳元，最普遍接受的信用卡有万事达卡（Master Card）、VISA卡、JCB卡及其附属机构的信用卡。其中VISA卡和万事达卡在中国银行、中国工商银行、中国农业银行、中国建设银行等银行均可办理。建议办中国银行的全币种卡（或澳元信用卡，如果是普通信用卡，使用时通常会有1.5%的转换费用），刷卡消费不需要货币转换费或者手续费，而且中国银行在澳大利亚设有分行，遇到事情也可直接在当地银行找工作人员帮你解决问题。

兑换澳元

记得准备一些澳元纸币，尽量在国内兑换好。因为澳大利亚人工费非常高，尤其是在当地的机场兑换处兑换很不划算，而且相对比较麻烦。可到中国银行兑换澳元，汇率比较平均，一般银行分行下属支行需要提前一天预约，最好打电话提前咨询一下。不建议携带过多的澳元，通常准备100澳元/天左右的备用现金就足够了。此外，还要兑换一些小面额的澳元，通常小商店不收50澳元及以上的钞票。

TIPS 中国海关规定每人出入境可以携带不超过2万元人民币的现金或等值外币，如果超过则须向中国海关申报。澳大利亚对旅客出入境所携带的澳元及外币金额并无限制，但若金额超过10000澳元或等值外币须在入境时申报，相关表格可向海关人员索取。

小费

澳大利亚的法律规定：服务业收费价目必须包含消费税和服务费，因此在澳大利亚基本不必支付小费，是否支付小费完全由个人决定。若在高级餐厅就餐后或者是点了一些特殊的料理时，可适当支付一些小费，一般可支付总消费金额的10%～15%。

邮政、快递

邮政

在澳大利亚各大城市的市中心有多家邮局，营业时间一般为周一至周五9:00～17:00。如果想要邮寄信件、明信片之类的小物件，直接使用邮筒进行邮寄即可。邮筒分为红色和黄色，平邮信件需投入红色邮筒，而黄色邮筒则是快递专用。澳大利亚境内邮寄明信片邮费0.6澳元，邮寄回中国普通航空信（50克以内）2.6澳元。详情可扫右侧二维码了解。

澳大利亚邮局二维码
auspost.com.au

快递

如果想从澳大利亚邮寄包裹到国内，可以选择当地以服务华人为主的快递公司—速递（One Express），还可以选择一些国际大型快递公司，如FedEx、UPS、DHL等。此外，还可以选择一些华人快递公司，如AUEXPRESS（澳游快递）、EFS（澳亚快递）、Aioexpress、EWE等。详情可扫描以下二维码了解。

一速递(One Express)
www.one-express.cn

AUEXPRESS（澳游快递）
www.auexpress.com.au

EFS（澳亚快递）
www.efspost.com/au

Aioexpress
www.aioexpress.com

EWE
www.everfast.com.au

FedEx
www.fedex.com.au

不容忽视的生活设施

作为穷游旅行者，可能会为了节省费用不住酒店的情况，这往往会造成很多生活上的不便，出发前也比较容易忽视，比如洗澡、充电、上厕所等。

洗澡

在澳大利亚，水资源比较短缺，政府会严格控制居民用水，这也就有了"洗澡不要超过5分钟的说法"。因此，在澳大利亚很少有免费洗浴的地方，你可以选择入住背包客招待所（很多），价格较便宜，洗澡很方便；澳大利亚各个规定的露营点设施齐全，可以洗澡、洗衣服，不过大多是收费的。如果是去海滩游玩，也可以利用淋浴设施冲个澡。

充电

在出行前，可携带一两个充电宝。如果是自驾的话，可携带一个12V转220V的车载充电器，也可在一些营地入住时，顺便解决充电问题。此外，澳大利亚灰狗巴士上往往有免费充电的地方。

上厕所

澳大利亚街头的公共卫生间多数免费，都比较现代化，且提供手纸，设备齐全。在车站、商场、超市、餐厅，以及各大景点等公共场所内也都设有卫生间。此外，在大多数景点、公园内都设有残疾人卫生间和母婴卫生间。

在去澳大利亚旅行之前，可以扫描以下二维码，从中了解澳大利亚卫生间的相关信息，里面有14000多个卫生间区域。

澳大利亚厕所查询：toiletmap.gov.au

饮用水

澳大利亚的饮用水很贵，一瓶1.5升的饮用水约需5澳元。相对而言，澳大利亚的鲜奶要便宜很多，通常一瓶1.5升的鲜奶约2澳元，特价时会更加便宜。其实，澳大利亚很多公共场所均提供饮用水，比如休息区及公园里会有很多饮用水可以接，因此可在出行前带个水壶。

行李分类

需要准备的行李	
必备物品	护照、机票和酒店订单、现金（人民币、澳元）、信用卡、保险单及紧急清单、充电器和转换插头、驾照及翻译件（自驾需准备）
备用装备	证件照、手机翻译软件、相机和手机等电子产品及备用电池、移动Wi-Fi、充电宝、纸质通讯录（记录应急号码）、雨伞（一次性雨衣）、旅游资料、行李牌（标明自己的名字、联系方式）、笔和纸、保温杯、锁（用于寄存行李）等
飞机上用品	充气枕、眼罩、耳塞、放松拖鞋、书（打发时间）
衣物、洗漱用品	夏季紫外线很强，很多地方昼夜温差大，可随身携带一件薄外套；太阳镜、防晒霜；徒步最好备上冲锋衣和运动鞋，自驾可带上一件挡风御寒的冲锋衣
	洗漱用品和化妆品：牙膏、牙刷、毛巾、旅行装小样
药物和食物	药物、食物要少带；尽量带有英文标识的药品，或者有给药物的英文说明；不要携带任何新鲜的水果、蔬菜、蛋类、肉类、植物、种子；如果需携带少量药品或食物，一定要如实申报

备注：澳大利亚海关对食物类物品的检查十分严格，建议大家在出发之前检查一下行李，如果有带疑问的物品须走申报通道。为了方便检查，可将需申报的物品集中放到一个小袋子里

TIPS 护照、机票行程单、签证、保险单之类的重要文件可扫描上传到邮箱和U盘中，以备不时之需。

在打包行李时，可将衬衫、裤子、内衣进行分类，然后分别装入小袋中，以方便取出。此外，还可购买一些真空包装袋，这些袋子可将衣物的体积压缩到几分之一。

② 快速拿下签证的技巧

办理澳大利亚旅游签不难，只要你所提交的申请材料能让签证官了解到你拥有稳定的工作及收入，并且有足够支付去澳大利亚旅行的资金，那么就很容易成功出签。可以说，工作证明和资产证明是最关键的签证材料。有关签证信息，可通过以下二维码获取。

澳大利亚驻华大使馆微信

澳大利亚签证中心
www.vfsglobal.cn/Australia/China

首先要知道

★ 首次申请赴澳大利亚旅行的签证类别是访客签证（600类别），持有访客签证的游客可以一次或多次出入澳大利亚，每次停留不超过3个月、6个月、12个月。

★ 为节省排队时间，可提前向签证中心发送邮件或致电预约。

★ 申请人首次赴澳需提供资金证明；单身并且户口单独一个户口本，建议同时提供父母的户口材料。

★ 签证为电子签证方式，护照上不再予以贴签。签证获批后，申请人将收到一份关于签证详细信息的电子签证确认函，需自行打印并携带。

办理签证基本材料

★ 有效期6个月以上的护照原件。

★ 护照规格6个月内近照一张。

★ 详细、真实填写1419申请表（可扫描以下二维码下载，用大写英文完整填写），未满18岁的申请人，须由父母或监护人签署。家庭成员前往需填写54申请表（用中文及英文填写）。

签证表格下载

★户口簿及身份证的彩色复印件1份。

★证明申请人存款历史和工资收入的银行存折复印件、近期银行账户交易明细或工资单复印件，以及其他有关资金、财产的证明材料。

★提供自己工作单位的准假信，信上要注明你的职位和月薪，就职时间以及公司的准假证明，还要写上公司签发准假信的人员的姓名和联系方式。如果你是私营业主，只要提供营业执照的复印件即可。

★学生提供在读证明。

★申请人未满18周岁，或申请人赴澳探亲访友，或参团赴澳旅游，还需补充其他材料。具体信息可参考右侧二维码

★签证申请费650元人民币，签证中心服务费182元人民币，回邮快递费50元人民币。

★加分材料：为了提高出签概率，除了需准备使领馆所列清单中必须提供的材料外，一些其他材料也至关重，如行程安排、酒店预订单、保险订单等。此外，根据一些旅游建议还可提供旅行照片（用旅行经历证明你的旅行能力）、家庭照片、个人名片、工作荣誉证书等。

TIPS 关于资产证明，还需着重强调以下几点：

1.如果有工资卡账户，尽量提供工资卡账户流水单，实在没有再提供其他有银行卡流水账单，建议提供半年到一年的。

2.建议提供最近3～6个月的信用卡对账单。

3.建议在银行流水余额不多的情况下提供存款证明，作为支持材料。若提供存款证明，通常是前往银行做冻结开证明单，冻结到旅行结束之后即可。

4.如果你有还没到期的定期存单，也是很管用的资金证明。

5.还可准备房产证复印件、车辆行驶本复印件、个人所得税完税证明、社保证明等其他资产证明。

多说两句

★访客3年多次签证目前只限以下两种情况：子女是澳洲公民或者澳洲永居，父母可以申请；找大使馆指定的旅行社申请团签，相关旅行社可通过右侧二维码获取。

★尽量在出发之前3个月提交签证材料，签证材料准备至少留出2周时间。虽然说有3～5工作日出签的可能，但是等了1个月才出签的情况也是比比皆是。

★75周岁以上的申请人需提供一份身体检查证明，以及一份最低医疗费报销保额50万元人民币的境外险，才允许入境。

★使领馆在审核签证材料的过程中，部分人会收到电话调查，内容主要涉及个人工作情况、行程安排等。电话调查基本都是中文对话，通常说清楚你的行程安排即可。

★不到万不得已，不建议催签，超过10个工作日之后再考虑。

这样做很划算

★可在网店找相关店铺帮你办理签证，你只需要准备好资料，他们会全程帮你翻译、投递，最后出签后还包邮。

③ 收藏和安装这些网站与APP

出行类

Google地图

　　Google是一个实用的地图软件，能帮助你在澳大利亚快速找到想要到达的目的地，规划最符合你要求的路线。而且Google地图支持下载离线地图，可以先把澳大利亚的地图下载好，不用联网也可以使用。

Google地图苹果下载

TomTom Australia GPS

　　TomTom是很好用的导航系统，只需要将机器安装在固定的车架上，并打开开关就可以直接上路了。只需给出你想去的地方，TomTom就会为你规划出快捷的路程。可扫描以下二维码通过其官网下载。

TomTom Australia GPS

TripView Lite

　　这是新南威尔士州专用的APP软件，可以查询各种公共交通线路，从中可了解想要乘坐的公共交通的一切情况，包括几点到站、有没有晚点等。可扫描以下二维码下载。

TripView Lite 苹果下载

Opal

　　这是一种免费的智能卡交通票，在非高峰期使用有30%的折扣，很划算。可扫描以下二维码获知。

Opal卡网页版

MyTransLink

MyTransLink是昆士兰州的交通查询系统，通过该软件可便捷了解布里斯班、黄金海岸等热门旅游地的交通状况。可扫描以下二维码进行下载。

MyTransLink 苹果下载

旅游类

Australia Travel Guide

这款APP，提供完整的、最新的城市指南，包括悉尼、墨尔本、阿德莱德、珀斯和其他许多旅游目的地。可扫描以下二维码进行下载。

苹果版下载

体验澳大利亚APP

从体验澳大利亚APP中可了解下澳大利亚的方方面面。可扫描以下二维码进行下载。

苹果版下载

探索阳光昆士兰APP

由昆士兰州旅游观光局开发的官方应用程序，提供全面的当地旅游信息，可为你的旅行计划提供专业的建议。可扫描以下二维码进行下载。

苹果版下载

Hello Perth

这是珀斯官方的免费游客指南，通过该APP可了解西澳大利亚州的最新旅行信息，还可打印多个地图和独家资讯信息。苹果系统可在App Store上下载，安卓系统可在Google Play上下载（"需翻墙"）。

Hello Perth苹果下载

TIPS 你可添加澳大利亚各旅游局的微信号，通过官方微信进一步了解澳大利亚。

澳大利亚各旅游局信息			
名称	微信	名称	微信
澳大利亚旅游局		塔斯马尼亚州旅游局	
新南威尔士州旅游局		昆士兰州旅游局	
南澳大利亚州旅游局		北领地旅游局	
维多利亚州旅游局		西澳大利亚州旅游局	

翻译类

谷歌翻译

谷歌翻译的实用性毋庸置疑，如今谷歌翻译再增添"字镜头"功能，用手机摄像头拍摄任何标志或任何其他文本，便可将其翻译成中文，并且该功能可以完全脱机工作，无需连接谷歌服务器。

苹果手机下载

旅行翻译官

旅行翻译官可免费下载30多种真人发音语言包，覆盖所有常用外语语种。你可以提前下载好所需的语言种类，则可便捷与人沟通了。

旅行翻译官 APP下载

美食类

Hungry Jacks

澳大利亚版的汉堡王，下载Hungry Jacks以后绑定Facebook账号，可搜索距离自己最近的Hungry Jacks，然后开始摇一摇，如果能摇到印有带Free标志的店，则可以在20分钟内进店领取你摇到的免费食物。

Hungry Jacks苹果下载　　Hungry Jacks网页版

猫途鹰

猫途鹰提供很多餐饮店及相关的美食点评，软件适用于iPhone、iPad、Android等平台。可扫描以下二维码进行下载。

猫途鹰APP下载

Sydney Food Trucks APP

如果你感觉在餐厅里就餐毫无特色，那么悉尼一些移动餐车一定会给你带来不一样的美食体验。想要了解这些流动餐车的动向，Sydnry Food Trucks APP便足以成为你的贴心好助手。你可在苹果App Store（扫描二维码可获取相应网站）上搜索并下载该软件。

Sydney Food Trucks
苹果下载

住宿类

Booking

Booking是一款便捷的订房软件，适用于iPhone、iPad、Android等系统，可扫描右侧二维码进行下载。

Booking APP下载

Airbnb

这是一款可以搜索整套公寓、特色树屋或城堡等住宿类型的软件，房源多为民宿，价格低、房间大，是Booking、Agoda等网站没有的资源。可在各大安卓应用市场下载最新版本的APP，可扫描右侧二维码进行下载。

Airbnb 苹果下载

WikiCamps Australia

该软件可谓是背包客的福音，通过该软件可找到一个好的免费露营地，还可找到很多房车停车场、洗澡设施以及便宜餐厅。你可在苹果App Store（扫描二维码可获取相应网站）上搜索并下载该软件。

WikiCamps Australia
苹果下载

Entertainment Australia

聚集了澳大利亚各地众多的饭店、酒店、娱乐场所、连锁超市、租车公司等商家的优惠信息。苹果系统可在APP Store上下载，安卓系统可在Google Play上下载（需翻墙）。

Entertainment Australia
苹果下载

购物类

TRS退税APP

这是澳大利亚海关推出的旅客退税计划应用程序，可通过扫描右侧二维码免费下载。输入你的行程计划和退税要求后，就可以在机场的旅客退税计划处直接进入快速通道完成退税了。

TRS退税APP

Westfield APP

Westfield旗下有遍布澳大利亚各大城市的大型购物中心，在Westfield APP上可以找到所有商场以及店铺的商品信息及打折信息等。苹果版可在App Store上下载，安卓版可在Google Play上下载（需翻墙）。

Westfield APP下载

Dealsdirect

这是澳大利亚最大的综合性购物网站，各类商品应有尽有，具体信息可查看官网。

Dealsdirect 网页版

Groupon

澳大利亚最大的团购网站，和国内的美团有些类似，在该网站上可以找到众多旅游、餐厅、购物等的团购信息。订阅电子报可以收到最新的团购信息。

Groupon网页版

4 如何保证随时联系和有网络可用

去澳大利亚旅游，与家人保持联系最简单的方法就是开通国际漫游。但是，国际漫游的网络费用通常较高，建议在出国前打电话给中国移动或中国联通，关闭网络功能。如果拨打电话较多，并且使用网络频繁，停留时间超过1周，还有多种方法和组合可以选择。

电话卡

如果打电话比较多，需要使用网络，购买当地手机卡要划算很多。澳大利亚的电话服务供应商主要为Optus、Telstra、Vodafone三家。Optus提供的电话卡套餐和优惠比较多；Telstra虽然比较贵，但是其信号最好且覆盖最广；Vodafone信号相对来说差一些，如果目的地为偏远地区，则不建议选用。

TIPS 澳大利亚3G网络制式为WCDMA，而国内的3G网络制式分别为中国联通WCDMA、中国电信CDMA、中国移动TD-SCDMA三种。如果手机支持WCDMA，则可使用当地的手机卡用澳大利亚当地的WCDMA网络制式上网；如果不支持，便只能使用通用的GSM（即2G）打电话和发短信，不能上网。为了以防外一，你可以先将自己的手机插入联通的电话卡，如果可以上网，那么表明插入澳大利亚电话卡也能上网。

Optus

　　2澳元1天套餐，最低充值10澳元，可在澳大利亚境内无限次通话和收短信，还有60分钟国际通话时长，每天可用500MB流量，超出500MB后扣2澳元可继续使用500MB；30澳元套餐，有效期28天，不限拨打澳洲境内电话和发短信，

Optus官网
www.optus.com.au

100分钟免费拨打中国电话，超出部分0.2澳元/分钟，包括1.5GB流量。具体信息可参考官网。

TIPS Woolworths作为澳大利亚的大型连锁超市，与Optus合作推出了一款经济的电话卡。这种卡费用为2澳元，需在Woolworths超市购买，充值后方可使用，有30澳元套餐和49澳元套餐。相关信息可参考右侧官网。

Mobile.woolworths.
com.au

Telstra

　　信号强，覆盖范围很广，可选择30澳元套餐，包括250澳元话费，国际长途1.29澳元/分钟，含800MB流量，有效期为28天。具体信息可参考官网。

Telstra官网
www.telstra.com.au

Vodafone

　　30澳元套餐，包含与中国国内通话时长250分钟，不限拨打澳洲境内电话和发短信，包括450澳元话费，国际长途0.01澳元/分钟，含1GB流量，有效期为28天。具体信息可参考官网。

Vodafone官网
www.vodafone.com.au

Lebara

这是一种优质的预付费卡，可以低廉的价格直接用手机拨打国际长途电话。这种电话卡使用方便，在国内开通好，到澳洲换上就可以用具体信息可参考官网。

Lebara官网
www.lebara.com.au

TIPS 为了方便起见，建议先在网店买好相应的电话卡。通常各机场的到达国际大厅中会设有售卖电话卡的柜台，在市区内的很多商店和7-11便利店也可以买到。当然也可去华人开的店铺中购买电话卡，价钱稍便宜。换卡后国内的号码可能暂时无法使用，为了保险起见，可以多带一部手机，将国内的号码开通国际漫游，并告诉家人或朋友如何联系你。还要注意的是，在一些偏远地区，通信讯号会受到一定限制，可提前租用一台卫星电话。

此外，还应了解在澳大利亚拨打电话的方式。

拨当地：直拨电话号码，如在悉尼打悉尼的电话直接拨打即可，悉尼打墨尔本等外地电话需加区号（即03+电话号码）

拨回中国：0011+86+城市区号（去掉前面的0）+号码

发短信给当地：直接发送至对方号码

发短信回中国：发送至86+对方号码发短信

随身Wi-Fi

　　随身Wi-Fi如今已经十分普及，只需将上文介绍的卡插进无线路由器卡槽，再进行网络设置即可。购买无线路由器的时候要查看其支持的网络制式（如WCDMA 3G），无线路由器的网络设置需要通过网页（每个路由器都有特定的IP）来完成，将APN设置好即可，也可以咨询买家如何使用。

　　随身Wi-Fi的好处毋庸置疑，可以同时支持多台设备上网，并且网速相对较快，大多软件都能正常运行。

TIPS　Telstra提供随身Wi-Fi服务，具体信息可参考：

www.telstra.com.au/online-shop/
mobile-broadband.cfm#/prepaid

使用网络电话

　　在有网络的情况下，网络电话虽然不是必须的（因为聊天软件都有语音视频功能），但有时还挺实用的，也是通讯的一大保障。网络电话可以直接拨打国内的固话或手机，费用低廉甚至免费，使用起来十分便捷。

　　如今广为流行的网络电话有触宝电话、阿里通、Skype、UUCall等，种类很多，但基本功能差不多。很多网络电话首次注册都会送你免费通话时间，在澳大利亚足够用。

TIPS Whats App是一款类似于微信、QQ的应用程序，可以发信息、语音等。若处于信号极差的地区，Whats App也可以畅通无阻地发送短信，而微信则无法发送。

寻找免费Wi-Fi

在澳大利亚可找到一些免费Wi-Fi，尤其以悉尼、墨尔本等大城市居多。在接入免费Wi-Fi后，有的会自动弹出相关的上网页面，有的需刷新一下网页，然后便会出现一个Wi-Fi使用要求界面，接受相关条款之后便可上网了。

★城市中很多热门景点，如悉尼皇家植物园、邦迪海滩，墨尔本联邦广场、联邦图书馆等。

★很多渡轮及观光船上；不少火车站也提供免费Wi-Fi，时间不限，但限流量。

★机场也往往可以使用免费Wi-Fi，需要刷新网页，输入使用者的邮箱地址，自设密码后便可使用。

★麦当劳之类的快餐店也可使用免费Wi-Fi，不过限时1小时。在使用时，要刷新网页，同意接受上网条款后才能上网。

★澳大利亚大多数酒店上网需收费，而且费用比较高；而像青年旅舍、背包旅店之类的住宿场所往往提供免费Wi-Fi。

TIPS 想要更加精准地搜索澳大利亚的免费Wi-Fi，可从右侧网站获取相关信息。

www.wififreespot.com/aus.php

⑤ 提前去这些地方看看优惠券

不可错过的优惠券网站

Top Bargains

这是一个"低价共享"网站，收集了众多优惠券，如提供全球连锁酒店Expedia的优惠券，无论在哪里均可享受10%的折扣价。

www.topbargains.com.au

Tjoos

该网站是一个优惠券供应商，聚集了种类齐全的优惠券代码，如Avis租车公司5天省20元的抵用券等。

www.tjoos.com

RetailMeNot

这是一家英文优惠券网站，提供众多航空、酒店等旅游产品的相关折扣。比如，旅游者可通过该网站购买捷特航空（Jet Airways）的折扣机票，或者获得Thrifty租车公司的9折优惠券等。

www.retailmenot.com/
coupons/australia

e Coupons

该网站提供众多与旅游相关的优惠券，包括机票、租车、酒店等。

www.ecoupons.com.au

Entertainment Australia

聚集了澳大利亚各地的众多酒店、娱乐场所、连锁超市、租车公司等商家的优惠信息。酒店的优惠券需在相应城市本地使用，一般可以优惠10%；租车之类的优惠为澳大利亚通用，有很多优惠。

www.entertainment
book.com.au

ozcoupons4u.com

通过该网站，可找到与澳大利亚有关的多种旅游优惠券，包括机票、度假地和酒店等。

www.ozcoupons4u.
com/coupons/travel

Shop A Docket

这是一个优惠券下载网站。

www.shopadocket.
com.au

TIPS 注意看准优惠券到期时间，在购买之前，注意阅读其他用户的评价和留言；促销码（Promo Code）、优惠券（Coupon）以及协议价（Corporate Rate）等各种术语，均为打折优惠之意；商家推出的优惠券通常两种：一种是需激活链接（link-activated），另一种是通过点击某个相关文件并出现优惠码。

搜罗优惠券的好去处

机场

在澳大利亚各大机场都可以拿到地图及旅游手册，很多手册上都有优惠券，这些优惠券通常为英文版，也有部分为中文版，持有优惠券在游览一些景点时可以打折。

Holiday SALE 40% OFF
Happy Holidays
EXPIRE SOON - HURRY UP!
THIS COUPON IS AVAILABLE ONLINE. MAY NOT BE AVAILABLE IN STORE
NOTE - CHECK ONLINE IF THIS DEAL IS STILL AVAILABLE

旅游中心

在澳大利亚大型城市，如悉尼、墨尔本、堪培拉等地均设有多个游客中心（Information Center），标有醒目的蓝底黄字的"i"，在机场免费获取的官方旅游指南地图上通常都会列出所在区域及附近的游客中心的信息。在旅游中心可以拿到很多资料和优惠券。

澳大利亚主要游客中心介绍				
所在地	名称	地址	电话/开放时间	图片
悉尼及周边	悉尼达令港游客中心（Sydney Visitor Centre at Darling Harbour）	33 Wheat Road Darling Harbour, Sydney	1800-067676；9:30~17:30，受难节及圣诞节关闭，在一些公共节假日开放时间会有所不同	

所在地	名称	地址	电话/开放时间	图片
悉尼及周边	悉尼岩石区游客中心（Sydney Visitor Centre at The Rocks）	24 Playfair St.,The Rocks,Sydney	1800-067676；9:30~17:30，受难节及圣诞节关闭，在一些公共节假日开放时间会有所不同	
	悉尼英皇十字街游客中心（Kings Cross Visitor Information Kiosk）	Corner Darlinghurst Road and Springfield Avenue Potts Point,Sydney	9:00~17:00，圣诞节关闭	
	Hawkesbury Visitor Information Centre	Hawkesbury Valley Way,Clarendon	1300-362874；周一至周五9:00~17:00，周六9:00~16:00，周日9:00~15:00，受难节及圣诞节关闭	
	Wollondilly Visitor Information Centre	Argyle Street,Picton	02-46778313	
	Camden Visitor Information Centre	John Oxley Cottage, Elderslie	02-46581370；9:30~16:00，受难节及圣诞节关闭	—
墨尔本	墨尔本游客中心（Melbourne Visitor Centre）	Federation Square,2 Swanston Street,Melbourne	03-96589658；9:00~18:00	

续表

所在地	名称	地址	电话/开放时间	图片
墨尔本	Melbourne Visitor Booth	Bourke Street Mall,Melbourne	03-96589658; 9:00～17:00	
	Fitzroy Gardens Visitor Centre	Fitzroy Gardens, Welllington Parade,Melbourne		

TIPS 有关澳大利亚各地游客中心的详细信息，可通过扫描右侧二维码了解。
　　打开该网站显示的是新南威尔士州的游客中心，可点击"INFO CENTRES"部分获取相应地区的游客中心信息。

www.australianexplorer.
comtourist_information_
centres_new_south_wales.htm

INFO CENTRES
ACT Info Centres
NSW Info Centres
NT Info Centres
QLD Info Centres
SA Info Centres
TAS Info Centres
VIC Info Centres
WA Info Centres

　　在墨尔本，除了可在游客中心获取免费观光手册外，还可在环形电车（Circle Tram）上获取，有英文、中文和其他版本，其中英文版里面有几页是景点优惠券，中文版本内则没有优惠券，所以记得拿上一份英文版本的观光手册。

了解复杂的交通
是穷游的关键

① 机票预订有窍门

不可不知的航空公司信息

国际段

我国飞往澳大利亚的航空公司有很多，你可从各大航空公司了解相应的航班信息。此外，还可以在澳大利亚旅游局官方网站上了解直飞或者转机信息，相关信息可通过右侧网站（也可扫描二维码）获取。

www.australia.cn/plan/flight

国际段航空公司信息				
名称	网址/二维码	航线介绍	特色及优惠	关于行李
澳洲航空（Qantas）	中文官网：www.qantas.com/travel/airlines/home/cn/zh_CN（网页）	北京、上海直飞	澳大利亚最大的航空公司，价格稍贵，但是线路齐全，有时会推出一些特价机票，尤其是国际往返机票很优惠	托运行李不按件数算，按重量算，限额为30公斤；随身携带行李重量不得超过4公斤

名称	网址/二维码	航线介绍	特色及优惠	关于行李
中国国际航空（Air China）	www.airchina.com.cn （APP）	北京、上海（浦东）直飞悉尼、墨尔本	价格相对便宜，不过其晚点率、座位设施等经常被人抱怨	每件托运行李重量一般不超过32公斤，长、宽、高三边之和不得超过203厘米；手提行李重量不能超过5公斤
中国东方航空（China Eastern Airlines）	www.ceair.com （微信）	上海浦东直飞悉尼、墨尔本、布里斯班	价格比较高，比较容易晚点，但也会推出一些优惠活动	托运行李是2件，每件不超过32公斤，体积不超过40×60×100厘米；手提行李是1件，重量不能超过5公斤
中国南方航空（China Southern Airlines）	www.csair.com （微信）	广州直飞悉尼、墨尔本、珀斯、布里斯班	经常搞往返特价活动，对于从广州出发的朋友来说是不错的选择，不过特价机票必须同时购买往返票	每件托运行李重量限额为32公斤，长、宽、高三边之和不得超过158厘米；手提行李是1件，重量不能超过5公斤

名称	网址/二维码	航线介绍	特色及优惠	关于行李
厦门航空（Xiamen Airlines）	www.xiamenair.com （APP）	厦门、福州直飞悉尼	两段航线时常推出系列优惠机票，旅客可以从厦航直接购买相关航线的联程机票，实现"一票畅游澳洲"	托运行李2件，每件不超过32公斤，长、宽、高三边之和不得超过158厘米；手提行李是1件，重量不能超过5公斤
四川航空（Sichuan Airlines）	www.scal.com.cn （微信）	成都直飞墨尔本、重庆直飞悉尼	—	托运行李1件，重量不超过32公斤，长、宽、高三边之和不得超过158厘米；手提行李是1件，重量不能超过5公斤
捷星航空（Jetstar）	www.jetstar.com/cn/zh （网页）	武汉直飞黄金海岸	性价比较高，每周五会放出部分航段的特价票；提供超低价保证（1小时内有其他航空公司的价格更便宜，提供低于竞争对手10%的票价）	绝大多数热销机票不包括托运行李额度，需要另行购买额度，最好在预订机票时一并购买行李额度；手提行李重量不能超过7公斤
国泰航空（Cathay Pacific）	www.cathaypacific.com （APP）	香港直飞悉尼、墨尔本、凯恩斯、布里斯班、珀斯	价格实惠，性价比也高，可随时改签	托运行李没有件数限制，标准限额为20公斤；手提行李是1件，重量不能超过7公斤

续表

名称	网址/二维码	航线介绍	特色及优惠	关于行李
亚洲航空（AirAsia）	www.airasia.com （微信）	吉隆坡转机前往澳大利亚大部分城市	经常推出特价票，甚至有"0"元机票，要多信息可多关注亚航微博，多刷新亚航官网，抢到的票会非常划算。要注意，特价机票不能退票或者改签	每件托运行李限额为32公斤，体积不超过81×119×119厘米；手提行李是1件，重量不能超过7公斤
新加坡航空（Singapore Airlines）	www.singaporeair.com （网页）		准点率非常高	每件托运行李限额为30公斤；手提行李是1件，重量不能超过7公斤，长、宽、高三边之和不得超过115厘米
酷航（Scoot Airways）	www.flyscoot.com （网页）	新加坡转机前往澳大利亚大部分城市	新加坡航空公司旗下的廉价航空公司，经常推出特价机票	托运行李没有件数限制，每件行李重量限额为32公斤，长、宽、高三边之和不得超过158厘米；仅限携带1件重量不超过7公斤的行李（携带笔记本电脑，限额可增加3公斤）

备注：此处介绍的是经济舱的托运行李及手提行李信息，多为最高限额，并非是免费行李额，超出免费行李额需另外购买行李额，更多相关信息可参考各自官网

TIPS 各航空公司的随身行李规定会有所变动，出发前需留意官网信息。

境内段

在澳大利亚出行，主要的廉价航空公司为维珍蓝（Virgin Blue）、捷星（Jetstar）、虎航（Tiger）和西澳航空（Skywest）。

境内段航空公司信息			
名称	**网址/二维码**	**特色**	**关于行李**
Virgin Blue	www.virginaustralia.com/au/en （网页）	英国维珍航空（Virgin）旗下的航空公司，提供澳大利亚及新西兰境内的廉价机票，价格比较便宜，线路也比较多	行李托运对手拉行李箱有很严格的限制，超重会被罚款；但对随身携带的双肩包、拎包和塑料袋之类的限制较小
Jetstar	www.jetstar.com/cn/zh （APP）	澳洲航空（Qantas）旗下的航空公司，价格比Virgin Blue便宜，但是线路比较少，很容易被抢购一空	托运行李票在订票确定的24小时内价格最便宜，超过24小时之后就会贵很多，到柜台就更贵了，因而务必提前网上购买好；不要超重，超重需支付15澳元/公斤
Tiger	www.tigerair.com/cn/cn/index.php （中文官网）	新加坡廉价航空公司，提供东南亚及澳大利亚境内的廉价机票	每人可携带2件随身行李，总重量不超过10公斤、体积不超过54×38×23厘米；要注意，Virgin Blue和Jetstar最晚的行李托运时间为30分钟，而虎航为45分钟

TIPS 可通过以下网站搜寻众多廉价航空资讯信息。

www.whichbudget.com

www.flightcentre.com.au

不容错过的航空比价网

澳大利亚的机票价格瞬息万变，航空公司往往在搞促销活动的同时放出"折上折"机票，所以提前密切关注航空公司的动态很有必要。除了可在各大航空公司网站查看之外，还可直接通过航空比价网站获取更实用的信息。

实用的航空比价网推荐		
名称	特色	网址/二维码
天巡网	可以浏览1个月甚至1年中的航班价格，所显示的飞机票价已包含税费及其他费用，为最终的付费价格	www.tianxun.com
全球低价航空公司	找到前往澳大利亚的低价航空公司，再点相应的航空公司，即可得知各家航空公司的航线和特惠信息	www.attitudetravel.com/lowcostairlines

名称	特色	网址/二维码
Lastminute	紧急寻找廉价机票的比价网	www.lastminute.com
Iwant that Flight	可对比澳大利亚Qantas、Virgin Blue、Tiger、Jetstar等航空公司的机票价格	iwantthatflight.com. au
Priceline	可组合两个不同的航空公司的航班，还可通过竞价方式拍到最便宜的机票或宾馆	www.priceline.com
Airfare	常提供折扣可达70%的机票	www.airfare.com
Adioso	性价比较高的机票比价网站	adioso.com

购票小窍门

★用非澳元信用卡进行网上支付时，通常会收取2%的额外换汇手续费，建议办一张澳元信用卡或是金币信用卡。

★在澳大利亚境内购买当地机票要收取10%的增值税，因而建议入境前购买好境内段机票，而且买的越早优惠越多。

★最低廉的机票均不能退票，改签机票往往会收手续费；廉价航空经济舱没有飞机餐。

★利用航空公司的低价保证政策，捷星航空便提供该政策。

★办一张银行和航空公司的联名信用卡，可拿积分换里程。

★澳大利亚境内航段的机票浮动很大，而且并不是越早订越便宜，要天天关注，看到合适的价格及时下手。

② 便捷快速的火车

铁路线路分布

在澳大利亚，州际和州内铁路线路连接着各城市和周边地区，乘火车旅行是一种便捷的游览方式，还可在旅途中欣赏优美的风景。澳大利亚铁路主要由以下5大公司运营。

大南部铁路公司

大南部铁路公司（Great Southern Railways）负责州与州之间的铁路运行服务。

www.greatsouthernrail.com.au

新南威尔士州的TrainLink

TrainLink运行的火车线路连接着新南威尔士州各主要城市，也沿着澳大利亚的东海岸行驶，前往墨尔本、布里斯班和堪培拉。

www.nswtrainlink.info

西澳大利亚州的Transwa

Transwa运行的火车线路在西澳大利亚州四通八达。

www.transwa.wa.gov.au

维多利亚州的V/Line

V/Line运行的火车线路将墨尔本与维多利亚州的地区交通枢纽相连。

www.vline.com.au

昆士兰州的Traveltrain

Queensland Rail运行的火车线路覆盖昆士兰州。

www.queenslandrail.com.au

苹果版APP下载

火车速读

澳大利亚的火车从经济车厢到豪华车厢选择众多，同时还拥有壮观的观光火车线路，如甘号火车（The Ghan）和印度洋-太平洋号火车（Indian-Pacific），该类火车不但乘坐舒适，还能欣赏壮美的景色。

著名观光火车信息					
名称	路线	时长	花费（全程）	景观	示意图
甘号火车（The Ghan）	阿德莱德（Adelaide）—库伯佩迪（Coober Pedy）—爱丽丝泉（Alice Springs）—凯瑟琳（Katherine）—达尔文（Darwin）	4天3晚	头等车厢约2400澳元，金袋鼠车厢约1100澳元，红袋鼠车厢约900澳元	澳大利亚中部的红土区	
印度洋-太平洋号火车（Indian-Pacific）	悉尼（Syndey）—布罗肯山（Broken Hill）—阿德莱德（Adelaide）—库伯佩迪（Coober Pedy）—罗林纳（Rawlinna）—卡尔古利（Kalgoorlie）—珀斯（Perth）	4天3晚	头等车厢约4100澳元，金袋鼠车厢约2600澳元，红袋鼠车厢约900澳元	探索热带雨林、高山峻岭、广阔大地	
横跨大陆号火车（The Overland）	墨尔本（Melbourne）—阿德莱德（Adelaide）	1天	金袋鼠车厢约139澳元（含餐费），红袋鼠车厢约89澳元（不含餐费）	欣赏美丽的乡村风光，有田野、桉树等	

备注：头等车厢为豪华车厢，金袋鼠车厢为3星级车厢，红袋鼠车厢为背包客经济型车厢

TIPS 澳大利亚著名观光火车的相关信息还可通过以下网站获取。

www.greatsouthernrail.com.au/trains

车票与优惠套票

如果行程安排比较密集，需要多次乘坐火车，建议购买套票。如需往返于距离比较远的城市之间，购买火车套票要比飞机票和汽车票都省很多钱；而目的地相距较近，且乘坐汽车、火车之类的交通工具的总额不超过优惠套票价格，则购买次数票即可。

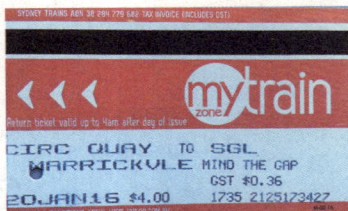

澳大利亚火车套票			
套票名称	**有效期限**	**使用权限**	**票价**
澳大利亚铁路套票（Austrail Pass）	有14、21、30、60和90天等种类	在有效时间内不限次数搭乘任何火车	据天数不同而不同，如14天的经济座约500澳元
澳大利亚铁路纵横套票（Austrail Flexi Pess）	有60、90天等选择	在有效期内任意乘坐火车	60天的经济座约600澳元

续表

套票名称	有效期限	使用权限	票价
大南铁路探索套票（Great Southern Rail Explorer Pass）	6个月	可在有效期内搭乘大南铁路运行的甘号火车、印度洋-太平洋号火车、横跨大陆号火车的红袋鼠车厢	690澳元，持有青年旅舍会员卡或者国际学生证590澳元
袋鼠公路和火车套票（Kangaroo Road & Rail Pass）	有14、21、28天等数种选择	可在有效时间内无限次乘坐任何火车和澳大利亚长途巴士公司（Australian Coachlines）运行的任何汽车	—
火车探险之旅套票（Rail Explorer Pass）	3个月或6个月	无限次乘坐不同的火车，可前往悉尼、墨尔本、阿德莱德、珀斯、爱丽斯泉、凯瑟琳和达尔文等城市	3个月约500澳元，6个月约900澳元
家庭周末游玩套票（Family Funday Sunday）	周末	当天可任意乘坐包括火车、巴士、轨道交通、轮船在内的公共交通工具	2.5澳元/人，要求至少1个大人和1个小孩（不超过15岁）

车票预订

除了可在大南铁路官网之类的网站订票之外，有关澳大利亚火车及优惠订票信息还可从以下网站获取，其提供很优惠的车票预订价格。

www.australian-trains.com

www.itrip.com

③ 省钱省时的长途巴士

　　如果你不介意长路漫漫，又想在顺便观光的同时还能省钱的话，乘坐巴士也是不错的旅行方式。贯穿主要城市的越州巴士，班次频繁，且服务水平较高，内部通常设有空调、视听设备和洗手间等设施，既舒适又方便。要注意，巴士内部不允许吸烟。

不可不知的巴士公司

澳大利亚灰狗巴士

　　澳大利亚的灰狗公司（Greyhound Australia）专门负责澳大利亚全国的长途巴士服务，可购买灰狗先锋旅游车票（Greyhound Pioneer Travel Passes）。

www.greyhound.com.au

Premier巴士

　　Premier巴士主要在澳大利亚东海岸沿线运行。

www.premierms.com.au

Premier巴士与灰狗巴士相比		
优点	缺点	注意事项
价格比灰狗巴士便宜，乘客也相对较少	耗时较长，从艾尔利海滩到凯恩斯就约需10个小时	选择乘坐夜车，可以节省住宿费，不过要注意适当休息，以免身体吃不消

TIPS 如果持有国际青年旅舍卡（YHA），在订票时可以享受10%的优惠。不过，通常在Fare Type（订票种类）中没有YHA选项，此时选择student less 10%即可。

地方小型巴士公司

小型巴士公司推荐		
名称	**运行区域**	**网址/二维码**
Crisps' Coaches	昆士兰州，主要运行的城市为莫里（Moree）、贡迪温迪（Goondiwindi）、英格尔伍德（Inglewood）、耶拉本（Yelarbon）、图沃柏（Toowoomba）、华威（Warwick）、斯坦索普（Stanthorpe）、滕特菲尔德（Tenterfield）、伊普斯威奇（Ipswich）、布里斯班（Brisbane）	www.crisps.com.au
Firefly Express	连接悉尼（Sydney）、墨尔本（Melbourne）和阿德莱德（Asdelaide）	www.fireflyexpresss.
Redine Coaches	霍巴特以及塔斯马尼亚北部和东部海岸	www.redlinecoach-

名称	运行区域	网址/二维码
Tassielink	塔斯马尼亚州	www.tassielink.com.au
V/line	在维多利亚州运行，连接主要城市和城镇	www.vline.com.au

不可不知的灰狗巴士通票

Aussie探索套票

　　Aussie探索套票（Explorer Pass）是单程单方向的套票，有20多种路线可供选择，可以自由选择旅行路线和停留时间的长短，有些路线还提供卡卡杜国家公园、艾尔斯岩的观光行程或者接送服务。

Aussie探索套票的主要种类			
名称	运行区域	有效期/里程	票价
全澳大利亚探索通票（All Australian）	整个澳大利亚	1年/约22000公里	1772澳元
Aussie观光通票（Aussie Highlights）	包括悉尼、墨尔本、阿德莱德、库伯佩迪、爱丽丝泉、达尔文、凯恩斯、布里斯班等热门旅游城镇	183天/约12600公里	1059澳元，持有青年旅舍会员卡、国际学生卡953澳元
内陆及珊瑚通票（Outback & Reef）	探索内陆及凯恩斯珊瑚礁石区域，亮点包括爱丽丝泉（含乌鲁鲁）、达尔文、凯恩斯	90天/约6900公里	611澳元，持有青年旅舍会员卡、国际学生卡550澳元
墨尔本通票（Sunseeker-ex Melbourne）	墨尔本	90天/约4200公里	341澳元，持有青年旅舍会员卡、国际学生卡307澳元
悉尼通票（Sunseeker ex-Sydney）	悉尼	90天/约3100公里	276澳元，持有青年旅舍会员卡、国际学生卡249澳元
东部精华区域通票（Best of the East）	澳大利亚东部著名观光地	183天/约10100公里	864澳元，持有青年旅舍会员卡、国际学生卡778澳元
西部通票（Western Explorer）	从珀斯到达尔文	90天/约6900公里	497澳元，持有青年旅舍会员卡、国际学生卡448澳元

里程通票

里程通票（Kilometre Pass）是根据乘车距离确定价格的通票，从2000公里（340澳元）到20000公里（2450澳元）不等，有效期为1年，可无限次前往灰狗巴士可到达的澳大利亚任何地方。

凯恩斯												
400	汤斯维尔											
1900	1560	布里斯班										
2100	1700	200	拜伦湾									
2950	2650	1050	860	悉尼								
3250	2830	1300	1100	300	堪培拉							
3750	3400	1900	1700	900	680	墨尔本						
4450	3900	2300	2500	1650	1400	750	阿德莱德					
7200	6810	4950	5300	4400	4100	3500	2750	珀斯				
4200	3800	4850	5000	6850	6550	6000	4400	2450	布鲁姆			
2950	2590	3500	3700	4500	4600	3950	3200	4250	2000	达尔文		
2450	2050	3100	3300	3350	3100	2450	1700	4500	2800	1500	爱丽丝泉	
2900	2500	3550	3750	3800	3500	2900	2150	4950	3300	1950	450	艾尔斯岩

▌ 城市间里程参考图

数日套票

数日套票（Multi Day Pass）从使用日期开始，在一定期限内无限次乘坐，里程数固定，分为3天（1000公里）、5天（1500公里）、7天（2000公里）、10天（3000公里）、20天、30天6种。

城市观光巴士通行证

城市观光巴士通行证（Hop-on Hop-off Bus Passes）有效期为3个月，在有效期内可选择前往澳大利亚的某两个城市游玩。此外，该类通行证还有一种短途通行证（Short Hop Passes），有效期为1个月。相关信息可参考右侧官网。

www.statravel.co.uk/greyhound-australia.htm

城市观光巴士通行证参考价格	
运行城市	价格
布里斯班—凯恩斯	254澳元起
爱丽丝泉—凯恩斯	396澳元起
悉尼—凯恩斯	449澳元起
墨尔本—凯恩斯	546澳元起

短途通行证参考价格	
运行城市	价格
悉尼—墨尔本	103澳元起
悉尼—拜伦湾	108澳元起
悉尼—布里斯班	140澳元起
达尔文—爱丽丝泉	213澳元起
爱丽丝泉—阿德莱德	225澳元起

TIPS 在澳大利亚，上车购票比在柜台购票便宜5%，电话购票需要加4澳元的服务费。此外，在澳大利亚的某些地方不允许购买来往于本州和本地区内两个地方的车票，必须是跨州或者跨地区的，但这一规定不适用于灰狗通票持有者。这些州和地区主要包括维多利亚州、新南威尔士州部分区域和昆士兰州北部。

背包客长途巴士

背包客长途巴士（Backpacker Buses）将乘坐巴士和团体旅行相结合，主要面向团队游，是一种经济有效的交通工具。这种巴士车型较小，但乘客较多，司机有时会兼职当起导游。持有学生卡可以享受优惠。

提供背包客长途巴士服务的公司推荐			
名称	介绍	参考价格	网址/二维码
Adventure Tours Australia	一家可为旅行者节省预算的公司，除了新南威尔士州，其他热门旅行地区也提供服务	用时2天，路线：爱丽丝泉—乌鲁鲁—卡塔丘塔—国王峡谷国家公园，往返票价约350澳元	www.adventuretours.com.au
Autopia Tours	主要面向墨尔本和阿德莱德、墨尔本和悉尼之间，以及维多利亚州部分地区往返的背包客	用时3天，路线：墨尔本沿大洋路经格兰屏国家公园（Grampians National Park）到阿德莱德，约需350澳元（不含食宿）	www.autopiatours.com.au
Oz Experience	为背包客和旅行者提供随上随下服务，主要面向在澳大利亚中部及东海岸旅行的游客	单向通票，悉尼—凯恩斯通票约需500澳元	www.ozexperience.com

续表

名称	介绍	参考价格	网址/二维码
Groovy Grape Getaways	线路覆盖北部部分地区、南澳大利亚州以及维多利亚州	用时3天，路线：阿德莱德—大洋路—墨尔本，往返约325澳元	www.groovygrape.com.au
Nullarbor Traveller	线路覆盖阿德莱德、珀斯以及纳拉伯部分区域	用时7天，路线：阿德莱德—珀斯，约需750澳元（含冲浪、观鲸、食宿等）	thetraveller.com.au

④ 优惠高效的地铁与公交

城铁

澳大利亚的地铁和火车并称为城市铁路，在悉尼、墨尔本有城铁运行。

悉尼城铁

悉尼城铁官网
www.sydneytrains.info

悉尼城铁地图下载
www.sydneytrains.info/stations/network_map

新南威尔士州交通官网
www.transportnsw.info

★覆盖区域：悉尼城铁（Sydney Trains）覆盖范围很广。城区火车服务界线北至Berowra，东至Bondi Junction，南至Waterfall，西南至

Macarthur，西至Emu Plains和Richmond。外城区火车包括悉尼郊区、纽卡斯尔（Newcastle）和卧龙岗（Wollongong），并延伸到猎人谷（Hunter）、中央海岸（Central Coast）、蓝山（Blue Mountains）、南方高地（Southern Highlands）、South Coast地区。

★ 车票购买：一些售票处和自动售票机可使用VISA、MasterCard、American Express、Diners Club和eftpos（借记卡）支付。单程和返程票只在购买当日有效，9:00以后购买返程票有一定优惠。

MyTrain票价				
mytrain	MyTrain 1 0~10 公里	MyTrain 2 10~20 公里	MyTrain 3 20~35 公里	MyTrain 4 35~65 公里	MyTrain 5 65公里以上
成人	4澳元	4.8澳元	5.4澳元	7澳元	8.8澳元

备注：3岁及以下儿童可免费乘车，4~15岁儿童享受半价优惠。

★深夜出行：午夜至清晨4:00，多数市郊火车将被Night Ride（夜行）巴士取代。你可使用MyTrain返程票或MyMulti票乘坐该类巴士，也可以从司机那里购买单程票。在大多数郊区站，可以找到NightRide bus network海报，上面有相应巴士的运行时刻表，并会显示距离最近的乘车点。

巴士

悉尼巴士

悉尼巴士遍布市内和郊区，库吉海滩和北部一些地方只有巴士能到。公车上有验票机。

悉尼巴士官网
www.sydneybuses.info

悉尼巴士信息	
名称	类型
悉尼城区巴士	快线巴士、郊区巴士、地方巴士和NightRide巴士
悉尼外城区巴士	蓝山巴士、中部海岸巴士、猎人谷巴士以及伊拉瓦拉（Illawarra）巴士

MyBus票价			
	MyBus 1 1~2公里	MyBus 2 3~5公里	MyBus 3 6公里及以上
成人	2.4澳元	3.8澳元	4.7澳元

观光巴士

悉尼观光巴士（City Sightseeing）分1日票和2日票，可游览悉尼各大景点和邦迪海滩，在有效时间内可任意上下车。有关悉尼观光巴士信息可从澳大利亚观光巴士官网获取，该官网主要介绍了悉尼&邦迪、蓝山、达尔文、霍巴特、布里斯班、珀斯的观光巴士信息。

澳大利亚观光巴士官网
theaustralianexplorer.com.au

墨尔本观光巴士官网
www.citysightseeing.melbourne/en/home.htm

既要住好
又要省钱

① 性价比高的住宿地

住宿是整个澳大利亚旅行花费的重要部分，但也是最能省钱的地方。在旅行预算内，选择住宿地首先需要考虑住宿环境及所在位置这两个方面。

汽车旅馆

汽车旅馆（Motels）一般在城镇入口处或国道上，单人间基本没有，几乎都是2～3人间，费用为60～120澳元。所以，比较适合夫妻或者三四个朋友一起入住，十分划算。

TIPS 可以浏览机票+住宿预订网站，在预订机票时一并预订住宿地，这样会有很大优惠。

机票+住宿预订网站推荐	
介绍	网址/二维码
机票+酒店在线预订的24小时内，可退还差价	www.lastminute.com.au 
住宿种类丰富，提供低价保证，如果有竞争者提供的价格更加便宜，你可以更低的价格预订	www.quickbeds.com 
在这里可找到很多低价的机票和酒店组合价格	www.wotif.com.au 
有很多廉价机票和住宿地可供选择	www.discover-australia.com.au/cheap-flights 

B&B

B&B（Bed and Breakfast）也叫早餐民宿，是一种广受欢迎的住宿类型，提供丰富的自助式早餐，有些带有厨房。入住B&B，可体验当地民俗风情，尤其适合自驾在小城镇住宿的朋友。要注意，有一些B&B外面没有任何招牌，最好事先在当地的信息咨询处询问清楚，或直接向当地人打听。此外，也可从以下网站查询澳大利亚B&B的相关信息。

www.bedandbreakfast.com/
australia.html

www.bnbcompass.
com.au

ozbedandbreakfast.com

australia.bedandbreakfasts.net

青年旅舍

青年旅舍多人间床位通常为25～30澳元，双人间床位通常为80～100澳元。有的青年旅舍不提供早餐，在入住时最好问清楚住宿费中是否包含早餐费，同时需要自备毛巾等物品。此外，在入住青年旅舍时最好持有青年旅舍会员卡，会有很大优惠。

澳大利亚穷游也行

青年旅舍预订网站推荐		
名称	介绍	网址/二维码
YHA青年旅舍	提供中文订房系统，持有会员卡会有很大优惠	www.yha.com.au
Australia Hotels	提供有澳大利亚各式各样的便宜旅馆	www.cheaperthanhotels.com.au
hostelbookers	全球领先的旅舍预订网站	www.hostelbookers.com/hostels/australia

背包客旅店

背包客旅店（Backpackers Hostel）适合经济旅行并长期停留的游客入住，花费为12~35澳元。

休闲式公寓

休闲式公寓（Apartments）大多靠近公共交通站点，交通方便，配备有厨房、卫生间、洗衣房，通常要租赁一周以上，一周约花费150澳元。如果你在澳大利亚某个城市停留时间较久，可以选择和别人一起合租一间公寓，比较划算。

② 省钱的露营地

了解露营地

很多人都认为住宿必备的条件为一个房间和一张床，但对于穷游一族来说，选择露营（Camping）是最经济的选择。露营地就是一块地，没有床，可以停车，想要住宿的话，可以搭帐篷，也可以睡在车里。在澳大利亚，露营是非常普遍的住宿方式，可以节省很多费用，还可以与澳大利亚的自然美景亲密接触。想要住得好一些，还可选择设施齐全的露营公园，一般会提供热水淋浴、洗衣设施，以及烤烧区，还有些地方配备游泳池。

露营地分类

露营地分类	
类型	**介绍**
低成本、免费露营地	有的免费，有的收取少量费用，通常需要2~10澳元，大多可在官网上用信用卡预订。这些营地的条件差异较大，有的设有厕所、烧烤区等设施，而有的仅仅是一块地，通常只简单设有厕所
商业露营地	设施很完备，基本上设有厨房、休息室、厕所、淋浴，以及电视、游泳池等设施
其他类型	在高速公路上经常会遇到并非真正意义上的营地，可以停车可以上厕所，可以简单休息一下

TIPS 想要露营则需考虑到一些事，如在私人领地扎营必须得到许可，有的特殊地区还会有露营限制，有这方面的疑问应提前向当地咨询处或有关机构询问。此外，在野外露营，安全问题不容忽视，在澳大利亚北部的河流里和入海口处常常有鳄鱼出现，在鳄鱼栖息地附近一定要看好安全警示标志，还要注意不要在入海口或红树林海岸边露营。

快速搜索高性价比的露营地

露营地网站推荐		
名称	**介绍**	**网址/二维码**
Big 4	Big 4是热门的连锁营地，有中文网页。在热门旅游景点一般有1~2家其下属露营地，不过在旅游高峰期往往会订不到	www.big4.com.au/cn（中文网站）
发现露营地	可从该网站搜索低成本或免费露营地	www.discovery-campervans.com.au

名称	介绍	网址/二维码
澳大利亚露营地	可在该网站搜索澳大利亚各州为数众多的廉价露营地以及相关信息，这些露营地有的免费，有的收费，但费用不高，每个露营地都有是否收费以及收费标准的相关说明	australiancampsites.com.au
探索澳大利亚	可找到众多澳大利亚优质的露营地，无论是朋友结伴露营，还是家庭露营，都可以搜索到众多符合你需求的露营地	www.exploreaustralia.net.au/Stay/Campsites
去露营	告诉你一些露营的注意事项，还会推荐一些露营地	www.gocampingaustralia.com
露营澳大利亚	有关于澳大利亚露营的一切，包括寻找露营地、房车露营地、免费露营地、休息地等	www.campinaustralia.com.au
澳大利亚免费露营地	可搜索到澳大利亚为数众多的免费露营地	www.freecampingaustralia.com.au

TIPS 想要搜索商业露营地，最方便的方法是在谷歌上搜Caravan Park，这通常是房车露营地，一般有房车停靠点和供不开房车的客人入住的小屋。值得一提的是，不是所有的房车露营地都允许搭帐篷，即使可以搭帐篷，也需收取一定的费用，要提前确认好。

③ 住宿优惠信息

了解常用的住宿预订网站

常用的住宿预订网站推荐		
名称	**特色介绍**	**网址/二维码**
Booking	知名的全球住宿地预订网站，有中文网站，只需要信用卡担保就可以订房，操作起来十分便捷	www.booking.com
Airbnb	为用户提供各式各样的住宿信息，价格通常比酒店便宜。该网站所提供的民宿不都是和房主住在一起，有很多是整栋房子或别墅出租，尤其适合带孩子或父母出行的朋友入住	zh.airbnb.com
Agoda	提供全球低价的酒店折扣价格，预订酒店需要提前付款，可以使用双币信用卡或者支付宝支付	www.agoda.com
Hostel Traveler	可预订青年旅舍和廉价旅馆	www.hosteltraveler.
Priceline（竞拍网站）	可通过竞价方式拍到很便宜的宾馆，要注意，从该网站上预订好住宿地后不能取消订房	www.priceline.com

澳大利亚本地住宿网站推荐		
名称	特色介绍	网址/二维码
Discover Australia Hotel Deals	有各种类型的旅馆介绍，还可订购当地的旅游行程	www.discoveraustralia.com.au
Australia Hotels	提供有澳大利亚各式各样的廉价旅馆	www.cheaperthanhotels.com.au
Accommodation Australia	可预订澳大利亚各种不同类型的住宿地，有很多住宿地会提供优惠	accommodationaustralia.com.au
Hotel Travel	有中文界面，会有每日最优惠住宿地以及好评度高的住宿地推荐	www.hoteltravel.com/cn/australia/hotels.htm

TIPS 澳大利亚的物价很高，住宿价格也很贵，不过在Airbnb上能找到很多价格低、房间大的民宿，这些住宿场所是Booking、Agoda等网站找不到的。可打开该网站的zh.airbnb.com/c/yangs149?s=8界面，接受邀请人的邀请即可获得一定的现金折扣，非常实惠。

而Booking则有免费取消、界面信息清晰、有明确的地图等优势，同时也经常跟一些热门旅游网站一起搞优惠活动，如住宿返现活动之类的。

这样选择住宿地省时省力

★选择住宿地时，除了考虑价格之外，住宿地的位置也要着重考虑。位置便利的住宿地，可为你节省一笔昂贵的交通费，同时还可以节约时间，尤其是在墨尔本和悉尼这种交通费用较高的大城市，更应着重考虑交通因素。如果你的行程较紧凑，建议选择市中心或者离市中心较近的住处，最好公共交通便捷。

★最好提前预订好住宿地，尤其在11月至次年2月、6～8月期间，此时游客众多，房源紧张。提前预订好住宿地，可方便自己到达澳大利亚之后直接入住，还能享受一定优惠。

★如果汇率合适，建议提前付款，这样可省去到了酒店使用信用卡结账时需要额外支付的手续费。

★在澳大利亚住宿，入住之前可与店家进行沟通，了解清楚住房的类型、是否含有早餐、是否收取消费税以及其他提供服务是否收费等。

这样游览
更便捷

① 按照实际需求购买套票

有关景点的优惠套票

悉尼著名景点套票

包括悉尼水族馆、悉尼野生动物园、悉尼塔、悉尼杜莎夫人蜡像馆、曼利海洋生物保护区；成人69澳元，未成年人（3～16岁）39澳元，家庭（4人）195澳元。详情信息可参考右侧网站。

www.sydneyaquarium.com.au/news/sydney-attraction-pass-offer

墨尔本水族馆+尤利卡88层观景台

墨尔本水族馆建议游览3小时，尤利卡观景台建议游览2小时；成人40澳元，未成年人（3～16岁）25澳元。详情信息可参考右侧网站。

www.itrip.com/p5642

Premium Merlin Annual Pass

全年可无限次游览包括澳大利亚新南威尔士州（悉尼水族馆、悉尼野生动物园、悉尼杜莎夫人蜡像馆、悉尼塔、曼利海洋生物保护区、Illawarra Fly Treetop Adventures）、维多利亚州（墨尔本水族馆、奥特威树顶步道）、昆士兰州（汉密尔顿岛野生动物园、Mooloolaba海底动物世界）

merlinannualpass.
com.au

和新西兰奥克兰（凯利塔顿海底世界）的11个景点；成人85澳元，儿童60澳元，4人家庭（最多2个成人）195澳元。

购买折扣卡

智游卡iVenture

如果你在短期内想要参观众多景点，可以购买智游卡iVenture。在澳大利亚热门旅游地，如悉尼、墨尔本、布里斯班、黄金海岸、凯恩斯和塔斯马尼亚等均支持使用这种卡。持有该卡，可以免费参观一些著名旅游景点，也能享受一些特别的打折或优惠，体验参观的景点越多，所节省的费用则越多。更多相关信息可参考右侧官网。

塔斯马尼亚灵通卡

在塔斯马尼亚，想要游览大量景点的话，可购买塔斯马尼亚灵通卡（See Tasmania Smartvisit Card），价格为149澳元。持有该卡可供免费参观60处旅游景点，并可获得很多特惠服务以及全面的导游讲解。

2 不能忽视的免费景点

在澳大利亚，所有的市区公园和大多数博物馆（特殊展览除外）均可免费参观。除此之外，还有一些热门景点也可以免费游览。

免费景点推荐	
所在城市	名称
悉尼	悉尼海港大桥（见P148）、岩石区（见P149）、达令港（见P150）、邦迪海滩（见P155）、曼利海滩（见P155）
堪培拉	伯利格里芬湖（见P167）、议会大厦（见P168）、国家图书馆（见P169）、澳大利亚战争纪念馆（见P169）、国家电影和声音档案馆（见P170）
墨尔本	联邦广场（见P187）、维多利亚艺术中心（见P188）、菲茨罗伊花园（见P188）、卡尔顿花园（见P191）、圣巴特利爵主教堂（见P192）、皇家拱廊和布洛克拱廊（见P192）、圣基尔达海滩（见P193）
布里斯班	市政厅（见P221）、故事桥（见P222）、昆士兰文化中心（见P223）
阿德莱德	澳大利亚国家葡萄酒中心（见P252）、德国村（见P254）、格莱内尔格（见P254）
珀斯	天鹅河（见P273）、日落海岸（见P274）、科特斯洛海滩（见P275）、弗里曼特尔（见P275）
达尔文	达尔文码头区（见P289）、东角保护区（见P290）
霍巴特	宪法码头（见P303）、萨拉曼卡广场（见P304）、巴特里角（见P304）、惠灵顿山（见P305）

③ 全澳大利亚游览亮点速览

令人沉醉的岛屿美景

在澳大利亚周围着8000多个小岛，提供各种类型的度假体验。

著名岛屿推荐		
名称	相关介绍	穷游亮点
袋鼠岛	见P263	品美食（有机野蜂蜜、羊奶酪、新鲜海产）、看美景（神奇岩石、天涯海角、旗舰拱门）、看野生动物（袋鼠、野生考拉、企鹅、海狮、海豹）
菲利普岛	见P209	探索野生动物天堂
豪勋爵岛	见P181	观赏美丽的珊瑚礁及各类稀有的植物和鸟类
圣灵群岛	见P243	乘船航行
摩顿岛	见P224	观赏野生动物（鲸鱼、海鸟、海豚）、滑沙、潜水、垂钓
费沙岛	见P241	驾车出行、探索雨林和湖泊、寻觅野生动物（地栖鹦鹉、小袋鼠、负鼠、狐蝠、澳大利亚野狗、座头鲸）
大堡礁群岛	见P239	潜水、自驾穿越国家公园
摩林顿半岛	—	品美食、探索当地历史
海曼岛	—	欣赏热带海洋风光、感受静谧生活
布鲁尼岛	—	观赏悬崖、冲浪海滩，造访历史遗迹
吉普斯兰岛	—	探索宽广湖泊与山脉、在露天餐厅就餐
罗特尼斯岛	—	骑自行车四处转转、体验潜水与冲浪、探索丰富的历史
托雷斯海峡群岛	—	一睹原住民文化、观赏绚丽的岸礁、邂逅儒艮和海龟

TIPS 塔斯马尼亚岛周围分布着300多个小岛，其中较大的岛屿包括弗林德斯岛（Flinders Island）和国王岛（King Island）。你可在这些岛屿进行攀登花岗岩、沙滩漫步、潜水探险等活动。

尽享静谧的海滩风光

澳大利亚拥有众多著名的海滩胜地，无论是在风景优美的大洋路，还是刺激的冲浪海滩，都可开启众多精彩的海岸旅程。

著名海滩推荐		
名称	相关介绍	穷游亮点
邦迪海滩	见P155	感受各类节庆氛围（从城市到海滩长跑、圣诞节、邦迪冬日魔幻节）、冲浪、徒步赏景
曼利海滩	见P155	冲浪、骑行、潜水，或沿着曼利观光步道（Manly Scenic Walkway）观赏风景
冲浪者天堂	见P233	冲浪、散步
白色天堂海滩	见P243	观赏红树林、珊瑚礁、洁白沙滩，做海边瑜伽
艾尔利海滩	见P243	享受美妙的海滨风光及丰富多彩的夜生活
贝尔斯海滩	见P208	观看世界冲浪锦标赛
科特斯洛海滩	见P275	观赏海滩及日落美景、冲浪
圣基尔达海滩	见P193	观赏棕榈树、进行海上运动（冲浪、乘帆船出行）
凯布尔海滩	见P285	游泳、晒日光浴、海滩漫步
海姆斯海滩	—	观赏白色沙滩
库吉海滩	—	观赏金色沙滩与海洋浴场，进行烧烤和野餐、到儿童乐园游玩
贝壳海滩	—	拾贝壳
棕榈海滩	—	观座头鲸、赏灯塔、看特色动植物

澳大利亚穷游也行

82

TIPS 11月至次年4月，热带水域经常出现水母，大多数热门的海滩都会设置防水母保护圈，此时只能选择在防水母保护圈内游泳。该段时间，澳大利亚热门的海滩还会有义务救生员巡查，他们会用红色和黄色旗子标出可安全游泳的区域，建议在这些旗帜标出的区域游泳，并与其他人结伴前行。

澳大利亚的阳光非常猛烈，注意做好防晒工作，比如穿衬衫、戴帽子和太阳镜等，并涂SPF30以上的防晒霜。如果长时间待在户外，需要多次涂抹防晒霜，为了防止晒伤，即使阴天也不要疏于防范。在正午日光最强烈之时，尽量避免日晒，且要多喝水。此外，在前往海滩旅行前，也可通过日报和气象局（Bureau of Meteorology）官网查看澳大利亚政府发布的SunSmart紫外线警报（SunSmart UV Alert），从中了解需要特别注意防晒的时间段。

红黄警示旗帜

日报和气象局官网
www.bom.gov.au

紫外线指数范围：
低（0~2）
中度（3~5）
高（6~7）
很高（8~10）
极高（11以上）

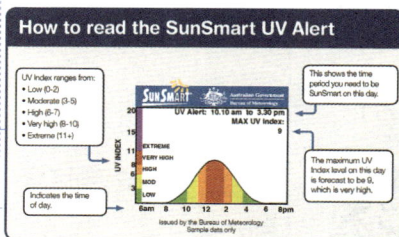

时间

紫外线警报时间段
（10:10~15:30），
这段时间需要特别
注意防晒

当日最大紫外线
指数为9，这表明
紫外线十分强烈

▌Sun Smart LIV Alert示意图

到葡萄酒产区邂逅浪漫

澳大利亚拥有60多个指定的葡萄酒产区，所产的葡萄酒品质优良、风格独特。几乎所有的葡萄酒产区都拥有自己的年度节日，旨在为人们提供当地的美食与美酒，让人们沉浸在地道的葡萄酒文化之中，其中最令人瞩目的当属两年一度的澳大利亚美食节，它向人们展示了澳大利亚的美食精华。

澳大利亚主要的葡萄酒产区			
所在州	葡萄酒产区	主要品种	游玩亮点
南澳大利亚州	芭萝莎谷（Barossa Valley）www.barossa.com/?lang=zhCHS（中文界面）	色拉子、赤霞珠、歌海娜、霞多丽、雷司令	到芭萝莎谷规模最大的葡萄园——杰卡斯访客中心（Jacob's Creek Visitor Centre）欣赏野外美景、了解葡萄酒的品种及酿制过程，到芭萝莎谷水库旁的"回音墙（Whispering Wall）"体验回音传声的奇妙现象，到林道薰衣草农场（Lyndoch Lavender Farm）欣赏薰衣草
	麦拿伦谷（Mclarenvale）mclarenvale.info/chinese（中文界面）	色拉子、歌海娜、赤霞珠、霞多丽、普兰尼洛、维欧尼、巴伯拉、桑娇维赛	在品酒室花一天时间品尝美酒，到农贸市场选择新鲜特产，在麦嘉伦谷的海滩上漫步，探索Onkaparinga峡谷，沿着西拉小径（Shiraz Trail）散步，到威伦加镇（Willunga）逛逛
	库纳瓦拉（Coonawarra）www.coonawarra.org	嘉本纳沙威浓、霞多丽、雷司令	品尝美味的葡萄酒

续表

所在州	葡萄酒产区	主要品种	游玩亮点
南澳大利亚州	嘉利谷（Clare Valley） www.clarevalley.com.au	威士莲	到农场了解Pangkarra Foods家族生产全麦面包的过程，到布拉（Burra）小镇探索历史遗迹，到七山丘酒窖（Sevenhill Cellars）品尝葡萄酒，到文他鲁迷宫（Mintaro Maze）捉迷藏
新南威尔士州	猎人谷（Hunter Valley） www.huntervalley-australia.com	赛美蓉、色拉子、霞多丽、赤霞珠、维德和	造访古老的葡萄园，观看爵士、歌剧及蓝调演出，到纽卡斯尔品尝美食或购物，或者沿着从悉尼至布里斯班的太平洋海岸旅游路线（Pacific Coast Touring Route）玩转整个猎人谷
西澳大利亚州	天鹅谷（Swan Valley） www.swanvalley.com.au	毕帝露、白诗南、霞多丽、色拉子、赤霞珠、加度	在天鹅谷美食美酒小径（Swan Valley Food and Wine Trail）开启美食美酒体验之旅，可在路边小铺买些蔬果和奶酪到国家公园野餐，也可在天鹅谷遗产小径（Swan Valley Heritage Trail）骑行，或者在凯维森（Caversham）的野生动物园与考拉、袋鼠近距离接触
	玛格丽特河（Margaret River） margaretriverguide.com.au	赤霞珠、霞多丽、赛美蓉、长相思、梅洛、色拉子	可在玛格丽特河游客中心（Margaret River Visitor Centre）了解相关的葡萄酒信息，然后可到农产品市场品尝手工奶酪和手工巧克力

所在州	葡萄酒产区	主要品种	游玩亮点
维多利亚州	亚拉河谷（Yarra Valley）wineyarravalley.com.au	穗乐仙、霞多丽、黑皮诺	在亚拉河谷美食观光小径（Yarra Valley Food Trail）或大型生鲜食物市场选购野餐食材（鱼子酱、手工奶酪、果酱以及有机水果和蔬菜），在斯维尔野生动物保护区（Healesville Sanctuary）邂逅众多本土野生动物（澳洲野狗、考拉、袋鼠和袋熊）
	莫宁顿半岛（Mornington Peninsula）www.morningtonpeninsulawineries.com.au	霞多丽、黑皮诺	在路边小摊购买有机蔬菜，在果园里摘草莓和樱桃，参观百年玫瑰园、树丛迷宫。精彩节日不容错过：1月的德罗玛纳草莓节（Dromana Strawberry Festival）、弗兰克斯顿海洋节（Frankston Sea Festival），2月的莫宁顿半岛黑皮诺节（Mornington Peninsula Pinot Noir Celebration）

TIPS 更多澳大利亚葡萄酒的相关信息，可参考澳大利亚葡萄酒官网。

1

澳大利亚葡萄酒官网（中文网页）

2

澳大利亚葡萄酒产区参考网站
www.wine-searcher.com/regions-australia

到大堡礁潜水

大堡礁涵盖了3000多种不同的珊瑚礁和900多座岛屿，其千变万化的海底世界，绝对会让你大开眼界。

潜水看什么

★海星、海龟、小丑鱼，以及海豚、鲸鱼等各种奇特的海洋生物。

★绚烂的珊瑚。

★深邃的海底断崖、海底隧道和洞穴。

TIPS 每年10~12月的几个夜晚，如果幸运的话，你将看到大堡礁珊瑚产卵的壮观景象。你可参加夜间浮潜或水肺潜水项目，近距离接触这个美丽的胜景。

到哪里潜水

★从凯恩斯出发，前往艾琴科特礁（Agincourt Reef）的大陆架边缘潜水。

★从汤斯维尔（Townsville）和磁力岛（Magnetic Island）下水，探索SS杨加拉号（SS Yongala）沉船的残骸，相关潜水信息可参考右侧官网。

★到费兹罗伊礁（Fitzroy Reef）、摩羯礁（Capricorn Reef）和奔克礁（Bunker Reef）看海星、螃蟹、贝类和各种软体动物。

★在埃里奥特夫人岛（Lady Elliot）和玛斯库莱布夫人岛（Lady Musgrave）附近穿梭在珊瑚谷中。

www.yongaladive.com.au

www.greatbarrierreef.orgreef-experiencesdiving-the-reef

观赏水下世界可走水路，也可走旱路，穿上游泳衣裤、浮潜漂浮衣等潜水装备，便可进行水路观光了。在观光时，不要触碰珊瑚，防止被划伤，也防止对珊瑚造成损坏。

大堡礁有内堡礁和外堡礁之分，其中内堡礁潜水价格较便宜，海上航行时间短，在这里常常看不到真正的珊瑚和鱼类，而且稍有风浪海水易变浑浊，不利于水下观光，不过如果不喜欢水下观光，可选择前往这里。如果想真正领略大堡礁风情，并且资金充裕，建议前往外堡礁观光。

穿越神秘的红土中心地区

红土中心地区可谓是内陆地区的一个奇迹，鲜艳的色彩和广袤的空间时刻讲述着曾经精彩的探险故事和传奇历史。

热门旅游地

红土中心旅游胜地推荐	
名称	**穷游亮点**
乌鲁鲁-卡塔丘塔国家公园	在向导的带领下，绕巨岩走一圈；寻觅祖先留下的战争遗迹；露营并享用篝火晚餐
帝王谷	领略瓦塔卡国家公园的山川美景，在伊甸园（Garden of Eden）的热带水池中游泳，到卡米切尔峭壁（Carmichael Crag）看壮美的日落景观

续表

名称	穷游亮点
芬克峡谷国家公园	造访棕榈谷（Palm Valley）的沙漠绿洲，可以走在阿兰卡亚步行路径（Arankaia Walk）或更长的玛普伦金亚步行路径（Mpulungkinya Walk）上观赏形形色色的棕榈树
麦克唐奈尔山脉	探访格兰海伦峡谷（Glen Helen Gorge）、高斯深坑（Gosse Bluff），在辛普森峡谷看岩袋鼠；丛林健行、露营

穷游旅行经典线路

第1天：爱丽丝泉—麦克唐奈尔山脉—格兰海伦峡谷

从爱丽丝泉出发，探寻麦克唐奈尔山脉的秀美风景。然后步行前往斯坦利峡谷，在悬崖上将瑟蓬坦峡谷（Serpentine Gorge）的美景尽收眼底。然后前往格兰海伦峡谷，在这里露营，观赏日落美景。

第2天：格兰海伦峡谷—帝王谷

从格兰海伦峡谷出发前往帝王谷，途中在高斯深坑（Gosse Bluff）停留，想象那遥远的年代彗星撞击地球的壮观景象。然后沿米林尼环路（Mereenie Loop Road）继续行至帝王谷，在帝王谷宿营。

第3天：帝王谷—乌鲁鲁

清晨，先在帝王谷欣赏晨光沐浴中的壮美景色，然后前往伊甸园，可在热带水池中游泳，傍晚到达卡米切尔峭壁。

第4天：乌鲁鲁－卡塔丘塔国家公园

第4天，沿盖尔斯路径（Giles Track）前往乌鲁鲁-卡塔丘塔国家公园。可沿风之谷徒步路径（Valley of the Winds Walk）饱览卡塔丘塔附近陡峭的岩石丘。晚上，在露营地享用独特的丛林美食。

第5天：返回爱丽丝泉

最后一天，返回爱丽丝泉，沿途可在康纳山（Mount Connor）观景点休息。在抵达爱丽丝泉之前，可先去探访彩虹谷（Rainbow Valley），美丽的砂岩断崖和峭壁在夕阳的照耀下分外美丽。

TIPS 在红土中心地区旅行，驾驶四驱车最为合适。到偏远、崎岖的地区驾车需做好充分准备，比如要检查道路状况、确保自驾车辆装备充足；准备一张最新的地图并制订好紧急计划，还要告知其他人你想要到达的目的地。如果汽车在偏远地区发生故障，不要远离汽车，但是也不要躲在车内，因为车内会很热。

探索原住民文化

澳大利亚拥有悠久的原住民文化，至少可追溯到5万年以前。

探索原住民文化的好去处	
名称	**穷游亮点**
乌鲁鲁-卡塔丘塔国家公园	除了可绕乌鲁鲁底部徒步游览以外，还可以乘摩托车、观光直升机或骑骆驼游览，当地的原住民向导会为你讲述古老的故事。而当你站在卡塔丘塔那巨大的褐色岩石面前时，则会满怀敬畏之情
金伯利	可以观赏绘制在岩洞中的神秘岩画，若想了解邦格尔邦格尔山脉（Bungle Bungles）那蜂巢式圆顶的传说，则可前往原住民的社区

续表

名称	穷游亮点
戴恩树热带雨林	这里是乌加尔乌加尔（Wujal—Wujal）人的家园，拥有13500万余年的历史，在这里探寻古老文化的同时，还可与众多可爱的动物不期而遇
库隆（Coorong）	听当地原住民向导讲述丛林食物、传统草药以及有趣的鸟类生活，当夜幕降临，则可围着篝火倾听那些古老而神秘的故事传说
吉普斯兰岛	在威尔逊岬国家公园（Wilsons Promontory National Park）追溯古老的原住民贸易路线，在拜恩斯代尔（Bairnsdale）观看当地原住民用传统方法制作篮子、独木舟等日常用具，还可沿巴塔土克文化路径（Batatuk Cultural Trail）前往纳根洞（Den of Nargun），沿途可参观历史悠久的考古地点
克拉克岛	可观赏古老岩刻和原住民定居点，并观看传统的原住民欢迎仪式

TIPS 若想一睹悉尼最早居民的生活状况，可找个原住民向导，让他陪伴你到港口巡游，其中悉尼港是Eora、Cadigal、Guringai、Wangal、Gammeraigal和Wallumedegal等多个部落最初的家园。你可从皇家植物园的原住民文化遗产游展开探索，在导游的带领下，了解悉尼本地丛林食物和药物的秘密；也可参与岩石区梦想原住民文化遗产游，从中可通过原住民的视角了解悉尼的历史。

在蓝山国家公园的Waradah原住民文化中心（Waradah Aboriginal Centre）可观赏现场舞蹈表演，还可展开迪吉里杜管艺术交流等。

在爱丽丝泉，若是赶上8月或9月的沙漠人群节（Desert Mob Festival），能用很实惠的价格购买到澳大利亚中部地区的艺术品，从绘有沙漠风景的水彩画到描绘四季风景的点画都流露着浓郁的原住民艺术气息。

味美价廉的美食全体验

① 快餐店、超市的独家美食

澳大利亚人喜欢在外吃饭以及吃快餐，各类便捷、实惠的快餐店也遍布各个城市的每个角落。此外，在澳大利亚的连锁超市内寻找美食，也是很经济实惠的选择。

美味的快餐店

如果经济有限，推荐到快餐店就餐，一个套餐的价格为6～10澳元。

快餐店推荐		
名称	特色	网址/二维码
麦当劳 （McDonald's）	与国内的店面、食物差不多，只是套餐有所不同。在各大超市、商场、加油站、车站、机场、街道上都能见到它们的踪影	mcdonalds.com.au （麦当劳）
汉堡王（Hungry Jack's）	分量很大，在有优惠券的情况下很优惠	www.hungryjacks.com.au
赛百味 （Subway）	主打健康美味的三明治	www.subway.com.au

名称	特色	网址/二维码
达美乐（Dominos）	世界知名的比萨连锁公司，澳大利亚是达美乐海外门店比较集中的国家，在澳大利亚很受欢迎	www.dominos.com.au
必胜客（Pizza Hut）	与肯德基属于同一家大公司的另一个快餐品牌连锁店	www.pizzahut.com.au
Oporto	澳大利亚本地的连锁快餐店	www.oporto.com.au

TIPS 澳大利亚的麦当劳内可以自制汉堡，每个麦当劳都设有一个可以选择自制汉堡的机器，你可根据自己的口味选择制作汉堡的食材与酱料，然后可随意配上沙拉或薯条以及饮料。通常一个套餐就能吃饱，价格为13～15澳元。

实惠的超市

如果时间充裕，尽量选择去大型超市购物。澳大利亚主要有两家大型连锁超市，即Woolworths和Colse，东西很齐全，并且价格也比较便宜。

超市推荐			
名称	特色	网址/二维码	物价参考
Wool worths	澳大利亚的大型连锁超市，在各大城市有很多门店，商品种类齐全，食品也很新鲜。经常有打折促销活动，进超市门口的时候可以带一本商品宣传单	www.woolworths.com.au	普通牛奶1~2.5澳元/升，香蕉/橙子1.8澳元/公斤，富士苹果4.48澳元/公斤，胡萝卜2.4澳元/公斤，西红柿6澳元/公斤，香肠7.35~20澳元/公斤，面包0.4~2澳元/100克
Colse	Woolworths的竞争对手，相对比较平民化，打折也多，比较类似国内的家乐福或沃尔玛。营业时间通常比Wolworths长，很多店营业至12:00。为了增强竞争力，其促销价格往往会压得比较低	www.coles.com.au	普通牛奶0.9~2.5澳元，鸡胸肉9.9澳元/公斤，鸡腿6.5澳元/公斤，牛肉馅13澳元/公斤，五花肉15澳元/公斤
ALDI	德国一家以经营食品为主的廉价连锁超市，在澳大利亚发展势头迅猛	www.aldi.com.au	巧克力1.25澳元/100克，牛奶1.99澳元/升
IGA	Metach公司旗下的连锁超市，价格比Woolworths和Colse稍高	www.iga.com.au	—

TIPS Woolworths旗下有Big W，Coles旗下有Target和Kmart，主要经营的是电器、床上用品、日用品、化妆品、衣服之类的物品。Woolworth和Coles在关门前1小时至半小时内，烤鸡、面包之类的食物会打折；购买肉类最好在早上开门的时候，此时打折力度较大。此外，有的加油站与这两大超市合作，在超市购物满30澳元，即可得到加油优惠券，找到指定加油站加油时出示打折券便可打折。

此外，想要在市中心吃到平价食物，一些便利店也是不错之选，通常市中心的便利店还会提供货币兑换服务，不过要注意汇率和手续费的问题。在澳大利亚，比较常见的便利店为7-11便利店，在市内随处可见，该便利店内的食物比大型超市要贵一些。不过当晚上超市关门以后，来这里买东西还是不错的选择。

7-11便利店官网
www.7eleven.com.au

② 美味BBQ的有趣体验

BBQ就是把食品放在加热的铁板上烤熟，也就是我们常说的烧烤，每逢周末或假期，很多澳大利亚人都会选择度过快乐的烧烤时光。

有关BBQ的一切

★ 在澳大利亚很多地方都有"BBQ"标志，如各大公园、绿地、休息区、海滩边、露营地等，这些地方一般都提供有完善的烧烤设备。

★ 以管道煤气为能源的烧烤炉，只需投入约20澳分即可启用，同时可免费使用水、电、气等，因而提前携带一些食物，在户外吃烧烤会为你节省一大笔饮食费用。

★所需的食物主要有牛排、羊排、猪肠、鱼片、虾等，在烧烤之前，可先将这些食物在调料中浸泡数小时，食用时再佐以各种烧烤酱以及各种蔬菜、水果。

★要记得，在户外公共场所使用烧烤炉后，要将其清理干净。

热门的BBQ地

BBQ地推荐			
城市	**名称**	**地址**	**介绍**
悉尼及周边	悉尼皇家国家公园	Audley Rd.,Audley	靠海能游泳，适合一家人周末前来烧烤
	库吉海滩（Coogee Beach）	Arden St Coogee	距离悉尼市中心约20分钟车程，拥有大量可供烧烤和野餐的场地。沿着海滩向南部走前往格兰特自然保护区，会经过一个公园，这里是一个美丽的烧烤区域，可观赏海洋美景
	蓝山（Blue Mountain）	悉尼以西65公里处	可以一边赏美景，一边烧烤
	塔玛拉玛海滩（Tamarama Beach）	Pacific Ave Tamarama	在这里，可进行冲浪、打沙滩排球等户外活动，然后可到适合烧烤和野餐的草地区域进行烧烤
	猎人谷（Hunter Valley）	悉尼以北约120公里	—
墨尔本及周边	卡尔顿花园	墨尔本卡尔顿区（Carlton）的维多利亚大道和尼科尔森街	非常受欢迎的野餐和烧烤地，具体信息可参考P191

続表

城市	名称	地址	介绍
墨尔本及周边	Bundoora Park	1069 Plenty Rd.,Bundoora	在墨尔本城区15公里外，拥有充足的户外BBQ场地，还设有室内野餐区，提供燃气和炭火。周末人比较多，尽量避开12:00~13:30的高峰期
	Harmony Park	187-195 Gaffney St.,Coburg	除了拥有占地面积广阔的室内公共烧烤区域外，还有很多游乐设施。最激动人心的是整个公园内覆盖有免费Wi-Fi
	Edinburgh Gardens	Alfred Cres,Fitzroy North	拥有多个独立的BBQ场地，以及充足的空地，很适合野餐
	Catani Gardens	Beaconsfield Pde,St Kilda West	紧挨圣基尔达海滩，有多个出口可直达沙滩，风景很美。可在这里进行露天BBQ
	雅拉河（Yarra River）南岸区域	墨尔本南部	该区域有很多BBQ场所，其中距离市中心最近的为公园Birrarung Marr，更远一点的Alexandra Avenue区域也有许多BBQ场所
	Westgate Park	Todd Rd.,Port Melbourne	风景很美，可饱览墨尔本城市风光及海湾景色。沿着Todd Road走可前往BBQ与野炊区域
其他烧烤地	布里斯班河沿岸	布里斯班市内	夜幕降临，两岸灯火阑珊，可享受美味的河岸烧烤
	南岸公园	South Brisbane	可以在这里野餐和烧烤

澳大利亚穷游也行

98

续表

城市	名称	地址	介绍
其他烧烤地	明迪尔海滩（Mindil Beach）	Raffles Plaza,2/1 Buffalo Ct,Darwin	可以品尝到传统的英式烧烤
	Casuarina Coastal Reserve	Trower Road,Coastal strip between Rapid Creek mouth and Buffalo Creek,Casuarina	可在这里游泳、享受日落烧烤

③ 经济美味的炸鱼和薯条店

　　炸鱼和薯条（Fish & Chip）可谓是澳大利亚最具特色的小食，可当正餐食用。而澳大利亚作为海鲜大国，如果你想以一种廉价的方式品尝澳大利亚海鲜的话，那么当地的炸鱼和薯条店确实是品尝海鲜的好去处。这类店铺通常会挤满众多当地人，很好的证明了该类美食的受欢迎程度。

炸鱼和薯条店推荐			
名称/网址	地址	介绍	价格
曼格斯餐厅（Mongers）网址：mongers.com.au	Shop 4, 11-27 Wentworth Street, Manly；42 Hall Street,Bondi Beach；Bay Lane,Byron Bay	曾被《悉尼晨驱报》的读者投票评选为悉尼的头号薯条店，在邦迪海滩、曼利海滩和拜伦湾都有分店。除了炸鱼和薯条，还提供各类海鲜	薯条和塔塔酱（Hand Cut Chips&Tartare Sauce）15澳元，薯条和甜辣酱（Hand Cut Chips & Sweet Chilli Sauce）17澳元，套餐（鳕鱼片、6个鱿鱼圈、薯条、塔塔酱和柠檬）22澳元
甜唇餐厅（Sweetlips）网址：www.sweetlips.com.au	125 Oxford St.,Leederville；Unit 8,47 Mews Rd.,Fremantle；115 Brighton Rd.,Scarborough	餐厅最大的特色为从海上直接采购鱼类、不经过冷冻，全程自行加工。在这里就餐，如果能在鱼肉中吃到一根鱼刺，则餐费全免	鳕鱼+薯条正常份9.9澳元，大份14.9澳元，儿童份7澳元；鳕鱼、鱿鱼+薯条12.9澳元
希腊之星餐厅（Star of Greece）网址：www.starofgreece.com.au	1 Esplanade, Port Willunga, Adelaide	这家餐厅的菜式经常变化，海鲜包括乔治王鳕鱼、雀鳝、鲱鱼，以及盐渍辣椒鱿鱼（这种鱿鱼从附近的袋鼠岛采购而来）	1片乔治王鳕鱼和薯条（King George Whiting and chips）14澳元，2片当天鲜鱼和薯条（Fish of the Day and chips）14澳元；小份薯条3.5澳元，大份薯条6澳元

续表

名称/网址	地址	介绍	价格
鱼迷餐厅（Fish Frenzy） 网址：www.fishfrenzy.com.au	Elizabeth Street Pier, Morrison St, Hobart	位于霍巴特海滨的伊丽莎白街码头，步行到市中心约需5分钟。这里最著名的美食是热海鲜杂烩	鲜鱼薄片17澳元，鲴鱼（Flathead fish）19.5澳元，蓝眼南极柠鲳鱼（Blue Eye Trevalla）19.5澳元；小份薯条5.5澳元，大份薯条7.5澳元
彼得鱼市餐厅（Peter's Fish Market） 网址：petersfish.com.au	120 Seaworld Dr., Main Beach	从黄金海岸再向北行不远即可到达，这家餐厅除了提供炸鱼和薯条外，还有对虾、龙虾沙司、牡蛎等海鲜美食	当天鲜鱼6澳元；小份薯条3澳元，大份薯条6澳元；鱼和薯条9澳元

TIPS 更多有关澳大利亚的特色美食信息，可以在澳大利亚旅游局官网的相应版块了解（可扫描以下二维码进入网站了解）。

www.australia.cn/plan/download

❹ 自己动手做饭

在澳大利亚旅行，如果每顿饭在外面吃那花费肯定不会少，而且可能会因为吃不惯当地食物而导致身体不舒服。为了更好地节省餐饮预算及吃得舒心，可自己动手做饭。

首先你可以预订带厨房和厨具的公寓式酒店、民宿或者青年旅舍，这些住宿地基本上都设有厨房，设备齐全，你只需提前备好食材即可。相关的住宿地信息可参考既要住好又要省钱的相关内容（见P68）。如果是自驾旅行，还想更加节省一些的话，则可以在露营地、公园等公共设施比较健全的地方动手做饭。

去哪里买食材最实惠

唐人街

自己做饭，选择合适的调料很重要，如果对澳大利亚的调料并不熟悉，则可选择到唐人街上的店铺中找自己熟悉的食材。

悉尼、墨尔本唐人街主要的店铺信息			
唐人街	店铺推荐	地址	网址/二维码
悉尼唐人街（Sydney Chinatown）	美而廉超级市场（Miracle Supermarkets）	World Square, World Square Shopping Center, 9.45/644 George St., Sydney	—
	Thai Kee IGA Supermarket	Market City, 9-13 Hay St.,Haymarket, Sydney	www.thaikee.com.au

续表

唐人街	店铺推荐	地址	网址/二维码
悉尼唐人街（Sydney Chinatown）	Chinese Grocery Shop	215A Thomas St.,Haymarket, Sydney	—
墨尔本唐人街（Melbourne Chinatown）	运时食品公司（TANG Food Emporium）	185 Russell St.,Melbourne	www.tangfoodemporium. com.au/chinese/chinese. html
	荣昌食品（Wing Cheong Chinatown）	14 Heffernan Ln.,Melbourne	—

澳大利亚其他唐人街信息		
名称	地址	介绍
堪培拉唐人街（Canberra Chinatown）	Woolley Street, Canberra	规模较小，但有好几家中国超市，购物很便捷
布里斯班唐人街（Brisbane Chinatown）	Fortitude Valley, Brisbane	规模仅次于悉尼和墨尔本，晚上比较热闹，有众多多元文化商店，其中百灵顿超级市场是布里斯班最大的商店，拥有各类美食和食材
阿德莱德唐人街（Adelaide Chinatown）	阿德莱德中央市场南边	阿德莱德唐人街有众多中国餐馆和市场，还有一些杂货店
珀斯唐人街（Perth Chinatown）	William Street,unofficial Chinatown,Perth	这个唐人街并不大，主要由餐厅、商店、酒吧组成

各大超市

　　尽量选择到大超市购买食材，因为一些小店虽然可能会便宜一些，但是找起来过于烦琐。具体的超市信息可参考本章实惠的超市内容（见P94）。

超市购买食材推荐	
常备食材	**可选食材**
肉、蔬菜、鸡蛋、各种调料，以及牛奶、面包、三明治。澳大利亚各类食材品质很好，即使是打折优惠的，也不用担心质量问题；牛羊肉比较实惠，跟国内价格差不多；牛奶比矿泉水便宜很多，而且口感很好，喝完一些后可再补充一些	可买一些海鲜，但需注意保鲜，如果没有保鲜的条件，则尽量当天吃完。尤其是到了澳大利亚中部人烟稀少的地带，需格外注意

不可或缺的装备

　　有厨房的住宿地设施齐全，做起饭来跟家里差不多，而没有厨房的话就需要自备装备了。尤其是住免费露营地，水和火源不可或缺。

自己做饭所需装备	
名称	**介绍**
水	在澳大利亚买水比较贵，如果天天用瓶装水来煮饭，那肯定不划算。不过，大多数自来水可以直接饮用，可以事先准备几个桶，等看到干净的自来水装进桶内待用即可
火源	准备气罐和炉头即可，炉头可在国内买好，而气罐因为安检问题需在当地购买
碗筷	碗筷尽量买轻便易携装的
冰袋	用于储存肉和牛奶之类的生鲜食材

TIPS 如果想要购买厨房用具，可前往Harris Scarfe，其提供锅碗瓢盆，还有一些床上用品和衣物。一般价格较贵，不过赶上打折，价格会很便宜。如果想要购买廉价的日用品，则可选择前往The Reject Shop。

Harris Scarfe官网
www.harrisscarfe.com.au

The Reject Shop官网
www.rejectshop.com.au

⑤ 用餐不可忽视的事

★澳大利亚的用餐时间与国内不同，午餐时间是12:00～15:00，人们通常会在12:30或13:00开始吃午餐，用餐高峰时段是13:00～14:30。

★澳大利亚人喜欢到快餐店买外带（Take Away）食物，然后带着午餐到公园、海边、街道旁等地享受美食。中午就餐时段也可到酒吧、咖啡厅等地享用美食，你可以坐下来点餐，那些地方会比普通餐厅的费用便宜。此外，中午时段，很多餐馆还会推出特价套餐。

★澳大利亚严格禁烟，一些公共场合不允许吸烟，多数餐馆会分吸烟区及非吸烟区，吸烟需前往吸烟区，在非吸烟区吸烟会触犯澳大利亚的禁烟法令，将遭到重罚。

★有的澳大利亚餐馆门口有"BYO"（Bring Your Own）标志，为允许自带酒水之意；还有一些有酒牌的餐馆英文为"Licenced Restaurant"，意为只能在里面买酒，不能自带。

★在澳大利亚，早餐和午餐通常吃的比较简单，下午加餐通常会选择咖啡和甜点，晚餐很丰盛。

买好不买贵

① 了解澳大利亚商品打折规律

不容错过的折扣季

澳大利亚的打折季主要是圣诞节前后及新年期间（每年12月至次年1月末），在圣诞节后的第二天为节礼日（Boxing Day），此时打折力度最大，古驰（Gucci）、博柏利（Burberry）、蒂芙尼（Tiffany）、普拉达（Prada）等各大名品店都会有很大折扣，最高可优惠至50%。

TIPS 每到节礼日前后，各大名品店便会人满为患，往往从早上7:00起就排起了长队。尽量不要驾车前行，否则仅仅是停车就要耗费大量时间。此外，如果你的目的性较强，则不必到百货商场或专卖店凑热闹，可以找家小一点的精品店，从中也往往可以买到超低价的打折正品。

寻找折扣信息

通常各城市的大型商场会在官网上发布即时折扣信息，还有一些商场会发放小宣传册，里面聚集了各家店的信息，在商场入口处便可领取。Westfield、Myer之类的大型购物地都会时常推出宣传册。

大型商场官网推荐		
名称	网址/二维码	介绍
韦斯特菲尔德（Westfield）	www.westfield.com.au	一家大型的综合购物中心集团，在澳大利亚、新西兰、英国等国家均设有高品质的购物中心
David Jones	shop.davidjones.com.au	澳大利亚历史悠久的百货公司

TIPS 在各大商场官网上查看相关的购物信息比较便捷，但要注意一点，在抢购时段，由于访问人数激增，一些商场官网往往会处于瘫痪状态。为了保险起见，尽量提前在官网上确定好相关信息。

打折优惠网站不容错过

　　可登录购物价格比较网站www.getprice.com.au，比较多家大型零售商提供的物品价格。当然，各类打折优惠网站也不容错过。

购物优惠网站推荐	
网址/二维码	介绍
www.qdeal.com.au （微信）	有众多澳洲折扣商品的信息
www.ebay.com.au	经常与众多著名的零售商合作进行折扣较大的促销活动，同时还会推出众多团购优惠活动，折扣力度也很大
www.ozsale.com.au	澳大利亚领先的时尚购物网站，每天都会更新销售的时尚品牌，多种品牌可以享受高达80%的折扣
www.catchgroup.com.au	每天都会推出低价折扣商品或团购方案，现在也经常有华人经营的店铺加入其中
www.topbargains.com.au	一个致力于"低价共享"的网站，人们可在该网站互相提供打折信息，网站会通过用户投票的方式来检验信息的有效性与实用性

续表

网址/二维码	介绍
www.lasoo.com.au 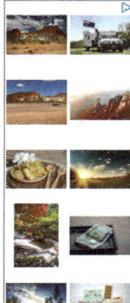	该网站汇集了澳大利亚各大商场的各类广告，从中可了解相应商户的打折促销信息
pricepal.com.au	直接打折网站

领取免费打折券、折扣代码

澳大利亚除了拥有种类繁多的折扣网站外，还有众多提供优惠券、优惠码的网站，通常涉及的商品种类齐全，总能让你买到性价比高的商品。如果想找各类商品的优惠券，可登录相应网站，将其打印出来然后就可以使用了。

澳大利亚常用的购物优惠网站	
网址/二维码	**介绍**
www.tjoos.com	拥有多家网店的优惠券，其涵盖范围非常广
www.shopo.com.au	大型的优惠券下载网站

TIPS 更多优惠券的相关信息可参考提前去这些地方看看优惠券内容（见P41）。

② 当地人推荐的购物地

当地人爱去的购物地

当地人推荐的百货公司		
所在城市	**名称**	**信息参考**
悉尼	大卫琼斯（David Jones）	见P161
	Myer	见P162
	海岸百货（Strand Arcade）	见P162
墨尔本	大卫琼斯（David Jones）	见P201
	查斯顿购物中心（Chadstone West Mall）	见P201

当地人推荐的购物中心		
所在城市	名称	信息参考
悉尼	维多利亚女王大厦（Queen Victoria Building）	见P161
	韦斯特菲尔德（Westfield Sydney）	见P162
墨尔本	墨尔本购物中心（Melbourne Central Shopping Centre）	见P201
	查德顿购物中心（Chadstone West Mall）	见P201
	QV购物中心（QV Melbourne）	见P201
	海港城购物中心（Harbour Town Shopping Centre）	见P203
布里斯班	皇后街购物中心（Queen Street Mall）	见P230
	布里斯班拱廊（Brisbane Arcade）	见P230
	韦斯特菲尔德（Westfield Chermside）	—
黄金海岸	海港城购物中心（Harbour Town Outlet Shopping）	见P235
	太平洋购物中心（Pacific Fair Shopping Centre）	见P235
阿德莱德	蓝道购物街（Rundle Mall）	见P260
	海港城（Harbour Town Adelaide）	见P260
	韦斯特菲尔德（Westfield）	见P260
	布恩塞德乡村购物中心（Burnside Village Shopping Centre）	见P261
珀斯	Karrinyup Shopping Centre	见P280
	Floreat Forum Shopping Centre	见P280
	Garden City Shopping Centre	见P280
达尔文	卡所连纳购物广场（Casuarina Shopping Square）	见P295

当地人推荐的市场/市集		
所在城市	名称	信息参考
悉尼	悉尼鱼市场（Sydney Fish Market）	见P160
	帕丁顿市场（Paddington Markets）	见P162
	岩石区市场（The Rocks Market）	见P162
	唐人街夜市	见P163
	帕迪市场（Paddy's Markets）	见P163
	邦迪集市（Bondi Market）	见P163
	Glebe Market	见P163
堪培拉	格尔门屋集市（Gorman House Markets）	见P172
	旧公车站集市（Old Bus Depot Markets）	见P172
	首都地区农夫市场（Capital Regional Farmers Market）	见P172
墨尔本	维多利亚女王市场（Queen Victoria Matket）	见P202
	维多利亚艺术中心市场（VIctorian Arts Centre Sunday Market）	见P202
	帕拉罕市场（Prahran Market）	见P202
	圣科达海滨市集（St Kilda Esplanade Market）	见P202
布里斯班	南岸公园生活方式市场（South Bank Lifestyle Market）	见P231
	Riverside Markets	见P231
黄金海岸	卡拉拉市场（Carrara Markets）	见P235
阳光海岸	努萨农贸市场（Noosa Farmers Market）	见P241
	尤姆迪市场（Eumundi Market）	见P241
阿德莱德	阿德莱德中央市场（Adelaide Central Market）	见P261
	弗林德斯市集（Flinders Street Market）	见P261
	吉尔斯街市（Gilles Street Market）	见P261
珀斯	弗里曼特尔集市（Fremantle Markets）	见P281
	珀斯文化中心集市	见P281

续表

所在城市	名称	信息参考
珀斯	Perth City Farmers Market	见P281
达尔文	达尔文鱼市场（Darwin Fish Market）	见P295
	名迪海滩黄昏市场（Mindil Beach Sunset Market）	见P295
	卡所连纳购物广场（Casuarina Shopping Square）	见P295
	夜崖集市（Nightcliff Market）	见P296
霍巴特	萨拉曼卡市场（Salamanca Market）	见P310
	萨拉曼卡艺术中心（Salamanca Arts Centre）	见P310

TIPS 在澳大利亚，本土大型连锁超市为Woolworths、Colse，关于超市的相关介绍可参考实惠的超市内容（见P94）；澳大利亚还有一些DFO（Direct Factory Outlets，即工厂店），可以买到很便宜的东西，相关信息可参考墨尔本本地人爱去的折扣店相关内容（见P203）。

可以逛逛免税店

DFS环球免税店（www.dfs.com）在澳大利亚开设有两家分店，分别在悉尼和凯恩斯。

DFS环球免税店信息		
名称	地址	营业时间
悉尼免税店（Sydney DFS Galleria）	155 George St.,Sydney	11:30～19:00
凯恩斯DFS环球免税店	Spence St. & Abbott St.,Cairns	12:00～20:00

在墨尔本、珀斯、布里斯班、凯恩斯、达尔文、阿德莱德还设有世界闻名的免税商店JR/Duty Free（www.jrdutyfree.com.au），详细信息可参考珀斯免税店相关内容（见P280）。

📍③ 让人欲罢不能的澳大利亚购物清单

不容错过的当地特产

古老艺术品

★迪吉里杜管（Didgerid）起源于澳大利亚北部，是最受游客欢迎的艺术品之一，价格为250～400澳元。

★点画（Dot painting）是一种用点构成、以动植物或自然现象为主题的图画，材料包括天然氧化物和赭石颜料，是最为人熟悉的原住民艺术之一，在澳大利亚众多店铺都可以找到这种富有原始风味的画作。

★回力刀（The boomerang）是一种古老的手工艺品，主要分为回飞、不回飞、打猎、礼仪四大类。

特色商品

★蛋白石（Opal）是澳大利亚的著名特产，将原石切割雕琢成各种形状，样式非常多。

★澳大利亚拥有大型的钻石矿产区，由那些美丽的石头制成的纪念品很受欢迎。值得注意的是，澳大利亚宝石的质量和价格差异较大，应货比三家。

★绵羊油等护肤品，价格有高有低，一般价格为7～10澳元。强烈推荐澳大利亚红色瓶装的Lucas Papaw万能木瓜霜，对祛痘、修复晒伤及烫伤有很强的功效。

★澳大利亚拥有种类丰富的蜂胶，可在免税店内购买含蜂胶的滴剂、乳液、肥皂、牙膏等。

TIPS 在澳大利亚，奶粉、绵羊油之类的特色物品比较受欢迎，这些物品均可在Woolworths、Coles之类的超市中购买，价格很便宜。奶粉20～35澳元不等，绵羊油几澳元就可以买到。

如果想买酒类，需前往专门的酒类专卖店（Bottle Shop）购买，红酒比较便宜，15～30澳元是很常见的价格。通常红酒只能买2瓶，想多买的话，可先将那2瓶放在托运行李之中，然后再在机场免税店买2瓶随身携带，不过机场价格稍贵些。

蜂胶、保健品，以及化妆品之类的物品，可在连锁大药房购买，比超市便宜些。相关价格可先从澳大利亚各大药店的官网上查询。

澳大利亚常见的连锁药店推荐

名称	介绍	网址/二维码
Chemist Warehouse	澳大利亚的药店连锁企业，除了有各类药品之外，还有保健品、护肤品、彩妆、香水、婴儿食品/用品等	www.chemistwarehouse.com.au
ThePharmacy	提供各类药品以及婴儿用品和保健品等	www.thepharmacy.com.au

名称	介绍	网址/二维码
Terry White Chemists	拥有50多年历史的澳洲实体药房，很多保健品都可以从该药房买到	cn.terrywhitechemists.com.au（中文网站）
National Pharmacies（国家药房）	阿德莱德的大型连锁药店	www.nationalpharmacies.com.au

性价比高的本土品牌

本土品牌推荐			
类型	名称	介绍	网址/二维码
服装类、鞋类	UGG雪地靴	著名的雪地靴品牌，采用100%澳洲羊皮毛制成，属于澳洲本土文化，有百年历史	—
	真维斯（JEANS WEST）	1972年成立于澳大利亚，是一家大型的休闲服装生产企业，在我国有多家连锁店和加盟店	www.jeanswest.com.au
	Zimmermann	澳大利亚知名的服装品牌，着重展现服装最初最真实的样子	www.zimmermannwear.com

续表

类型	名称	介绍	网址/二维码
服饰类、鞋类	Cotton On	澳洲时尚平价品牌，其贴近澳洲人自然的生活方式，价格也很亲民	cottonon.com/AU
	Sportsgirl	澳大利亚很有影响力的时尚女装品牌，年轻、充满活力，价格比较亲民	www.sportsgirl.com.au
	Forever New	时尚服装和配饰品牌，成立于墨尔本，注重展现女性美	intl.forevernew.com.au
	速比涛（Speedo）	世界第一的泳装品牌，包括有助去水的比赛泳衣、超耐用泳衣、童装泳衣和沙滩裤四大类	www.speedo.com.cn
包类	Oroton	一家制作精品皮具的公司，其精良的做工、独具特色的设计及合理的价格，使其成为澳大利亚本土奢侈品的典范	www.oroton.com
	Mimco	澳大利亚最具代表性的女士皮包品牌之一，设计风格年轻化，很受当地年轻女孩喜爱	www.mimco.com.au

类型	名称	介绍	网址/二维码
化妆品类	嫣妮（Red Earth）	源自澳大利亚的化妆品品牌，采用全天然原料制成	redearthaustralia.com
	赫莲娜（Helena Rubinstein）	欧莱雅集团旗下的顶级奢华美容品牌，其创意独特，是美容品牌中的佼佼者	www.helenarubinstein.com
护肤品类	李医生（DoctorLi）	全球知名的医疗美容护肤品生产研制企业之一	www.doctorli.cn
	茱莉蔻（Jurlique）	产品中95%以上的原料来自阿德莱德农场，被誉称地球上最精纯的护肤品。建议在免税店购买，价格比较实惠	www.jurlique.com.cn
	伊索（Aesop）	在与茱莉蔻齐名，是一款性价比很高的有机护肤品牌	www.aesop.com
	Botani	主打橄榄，采用自然疗法与现代护肤科学相结合的理念，精心研制而成	www.botani.com.au

续表

类型	名称	介绍	网址/二维码
护肤品类	A'kin	澳大利亚首屈一指的天然护肤品牌，价格比较便宜	www.purist.com/akin-skin-care
饼干类	Arnott's	澳大利亚最大的饼干生产商，现已成为一个澳大利亚历史和国家的象征	www.arnotts.com.au

TIPS UGG一般指的是美国品牌UGG Australia，这个品牌的靴子不比国内便宜多少，如果想在国外购买，可到美国的Outlets购买比较便宜。澳大利亚的UGG品牌众多，有JUMBO UGG、Shearers UGG、UGG Luxury等，差价很大，通常基本款中筒靴要600澳元以上。无论买什么价位的靴子，要注意只有带绿色三角标的才是澳大利亚制造的。

美国品牌UGG AUSTRALIA标志	澳大利亚UGG标志
UGG australia	AUSTRALIAN MADE

TIPS 很多品牌支持国际直邮，并可使用VISA、MasterCard、AMEX等信用卡支付。你可以尝试将所选购物品牌邮寄回国，万一没收到，及时联系商家，商家会全额退款。

④ 不可不知的退税常识

在澳大利亚购物会收取10%的商品服务税（GST），在离开澳大利亚前30天内在同一家商店至少花费300澳元，并有一张300澳元及以上的有效税务发票（多张累计超过300澳元无效），便可在离境时享受退税计划（Tourist Refund Scheme，简称TRS）。可以退税的商店通常有退税购物的标志"Tax Free Shopping"，在大中型商店、名品店等购物时，要认清标志后再购物。

退税详情

在悉尼、墨尔本、布里斯班、珀斯、凯恩斯等城市的国际机场均可办理退税业务，办理完出境程序后，就会来到TRS办事处。退税物品需作为手提行李随身携带进行退税，如果商品尺寸过大或者航空公司要求托运，则需要托运行李。

TIPS 除了各大国际机场设有TRS办事处外，悉尼的环形码头（Circular Quay）、达令港（Darling Harbour），墨尔本的车站码头（Station Pier）以及凯恩斯、布里斯班、达尔文和弗里曼特尔的轮船码头也设有TRS办事处。

退税步骤

第一步：前往海关办公室（Customs），向海关人员出示税务发票、相应的退税物品，以及当日机票，海关人员检查之后会在发票上盖上TRS章（即旅客退税方案的印章）；

第二步：到出发大厅办理登机牌和行李托运；

第三步：过安检、移民局，需出示机票、登机牌、护照和离境卡；

第四步：到负责退税的TRS办公室，出示已盖章的发票（如果退税物品随身携带，则可省略第一步，无需盖章，出示相关物品即可）、护照、登机牌，进行退税；

第五步：候机、登机。

TIPS 更多的退税详情，可参考澳大利亚政府官网有关旅游退税计划的信息，里面有退税指南中文版PDF，可从中了解相关的退税信息。

www.border.gov.au/Trav/Ente/Tour/Are-you-a-traveller

退款方式

退税不会退给你现金，需选择以下方式收到退款。

★信用卡：国内的银联信用卡就可以（VISA、MasterCard、Amex、Diners、JCB）

★澳洲银行账号：需要BSB和账号

★支票：可以使用不同货币支付，需要提供详细的英文地址

退税须知

★退税单（Tax-free form或者VAT receipt）是总计300澳元或以上的有效税务发票，在购物满一定金额后，在结账时需告知收银员"Tax Refund,please"（请返税）。此时需要出示护照，并在退税单上填写好详细住址以及护照号码。在索要发票时，要注意是否将可退税物品打印在同一张小票上，如果是分开的则可要求将其合在一起。

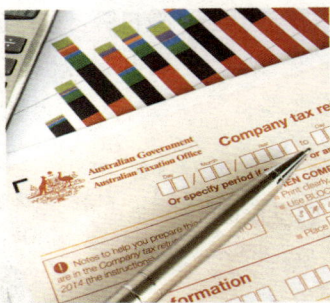

★退税的物品不能是食用或使用过的，啤酒、烟草之类的物品不可退税，可直接在机场免税店购买。

★退税金额依照消费金额来计算退税的百分比，退税金额的计算方式一般是购买商品金额除以11。

使用TRS APP退税

除了基本的退税方式，还可使用可应用于手机和网页的应用程序——旅客退税计划Tourist Refund Scheme（简称TRS），下载该应用程序后便可提前申请退税了。通过该应用程序输入申请信息，便可通过专用通道在TRS柜台迅速完成退税，很节省时间。

TRS苹果版下载

下载方式

安卓系统可通过谷歌商店（Google Play）下载，要注意，国内打开谷歌商店下载需要翻墙。而苹果系统则可通过AppleStore直接下载，相关信息可参考TRS退税APP内容（见P35）。

使用步骤

第一步：下载该软件后，先同意相关条款，了解相关的退税信息；

第二步：回到主菜单，进入我的旅行详情，填写护照信息及其他相关内容；

第三步：回到主菜单，进入我的发票详情，填写发票号、发票日期和金额；

第四步：回到主菜单，进入我的付款详情，选择退款方式；

第五步：回到主菜单，进入我的申请界面，可查看相关的退税申请信息；

第六步：最后可生成一个退税二维码（QR码），直接到机场的退税处进行扫码即可完成退税。

① 热闹有趣的节庆活动

月份	名称	举办时间/地点	参与其中
		不同月份的节庆活动表	
1月	环澳大利亚自行车赛	1月19日~1月26日 阿德莱德	可观看自行车选手飞速穿越阿德莱德山、芭萝莎谷等区域的乡间小路，也可参观巡回赛聚集村（Tour Village）和自行车博览会（Bike Expo），甚至可以在部分赛道上骑行
	MONA FOMA艺术节	1月16日~1月20日 霍巴特	可在该节日中观看新兴的本地表演
	塔姆瓦斯乡村音乐节	1月17日~1月26日 塔姆瓦斯	该节日被评为世界十大音乐节之一，可欣赏各类不同的乡村音乐，并有机会邂逅澳大利亚顶级的乡村音乐艺术家
	大日子音乐节	1月18日~1月28日 悉尼、黄金海岸、阿德莱德、墨尔本、珀斯	可欣赏澳大利亚最炙手可热的现场摇滚乐队及艺坛新秀的精彩演出

月份	名称	举办时间/地点	参与其中
1月	帆船节	1月24日～1月28日 基隆	可体验大量精彩活动，并可观看丰富多彩的表演
	澳大利亚国庆日	1月26日 全国	提供免费的烧烤早餐，还会举办沙滩派对、篝火晚会、音乐会、游行、燃放烟花等活动及演出
2月	Surfest冲浪节	2月1日～24日 纽卡斯尔梅里韦瑟海滩（Mereweather Beach）	欣赏冲浪者的精湛技艺，还可参加大量冲浪活动，包括中学级比赛
	嘉年华	2月7日～9日 朗赛斯顿	可品尝著名的塔斯马尼亚美食和佳酿，并可欣赏当地艺术家带来的家庭娱乐活动、舞蹈、音乐和街头剧院表演
	珀斯国际艺术节	2月8日～3月2日 珀斯	欣赏前卫的话剧、戏剧和现代舞蹈，也可聆听交响乐，或者观看露天电影
	澳大利亚冲浪公开赛	2月11日～19日 悉尼	观赏富有激情的体育赛事，并享受精彩的音乐盛会

月份	名称	举办时间/地点	参与其中
2月	酒窖美酒节	2月14日~16日 阿德莱德	可品尝芭萝莎谷、麦拿伦谷等南澳大利亚知名红酒区的美酒，还可加入品酒一族，品尝当地农贸市场上的新鲜特产
	阿德莱德艺穗节	2~3月 阿德莱德	可观赏歌舞表演、喜剧、马戏、舞蹈、电影、戏剧、音乐以及视觉艺术等
	澳大利亚沙雕锦标赛	2月15~24日 黄金海岸冲浪者天堂	欣赏艺术家用沙子打造的创意艺术品的同时，还可以一家人一起堆沙堡
3月	墨尔本美食美酒节	3月1日~17日 墨尔本	可享用时令美食、游览热闹的市场，还可到郊外体验精彩的美食与美酒盛会
	ENLIGHTEN 灯光节	3月1日~9日 堪培拉	欣赏披上华丽外衣的美丽建筑以及精彩的现场表演，或者参加适合全家参与的免费活动
	黄金海岸冲浪大赛	3月2日~13日 黄金海岸	欣赏冲浪赛事、享用精致美食
	阿德莱德世界音乐节	3月8日~11日 阿德莱德市内植物园	欣赏视觉艺术、参与烹饪活动、品尝美食、逛市场
	澳大利亚一级方程式大奖赛	3月13日~16日 墨尔本	观看赛事、现场音乐表演和由皇家澳大利亚空军带来的飞行表演

续表

月份	名称	举办时间/ 地点	参与其中
3月	内陆美食节	3月24日~4月8日 南澳大利亚州	尽享当地著名美食、美酒以及参与世界顶级娱乐活动，此外，精彩的澳大利亚品茶野餐会（Aussie Tea Cookout）也不容错过
	墨尔本国际喜剧节	3月26日~4月21日 墨尔本	欣赏单人喜剧、歌舞、戏剧、街头表演、电影、视觉艺术等各类节目
	悉尼海港歌剧	3~4月 悉尼	精彩的户外演出，欣赏世界著名的歌剧剧目，如《茶花女》和《卡门》等；品尝众多酒吧和餐馆奉上的美味小吃
	悉尼皇家复活节嘉年华	3~4月 悉尼	体验古老的澳大利亚娱乐项目以及澳大利亚乡村生活
4月	Rip Curl Pro冲浪赛	3月27日~4月7日 贝尔斯海滩	站在悬崖大看台上，观看顶级冲浪者大显身手；复活节期间可欣赏音乐演出
	澳大利亚美酒月	4月 全国	品味澳大利亚顶级美酒
	澳大利亚冲浪救生锦标赛	4月15日~21日 黄金海岸	观看各类比赛，也可在沙滩上享受美妙的沙滩音乐和精彩的娱乐活动
	蓝调节	4月17日~21日 拜伦湾	欣赏顶级的蓝调、民谣、灵魂乐演出
	澳新军团日	4月25日 全国	参加清晨纪念仪式和游行

月份	名称	举办时间/地点	参与其中
4月	阿波罗湾音乐节	4月26日~28日 阿波罗湾	欣赏不同类型的音乐节目,以及戏剧、文学、电影、喜剧和舞蹈
	袋鼠岛海鲜节	4月27日~5月2日 袋鼠岛	品尝生猛海鲜、美酒等当地美食
	澳大利亚美食节	4月26日~5月3日 阿德莱德	品尝令人眼花缭乱的美食、逛集市、购买手工工艺品
	Groovin' the Moo音乐节	4月27日~5月11日 本迭戈、邦伯里、汤斯维尔、梅特兰、堪培拉	可欣赏精彩的音乐演出
5月	鲁沙国际美食美酒节	5月16日~19日 鲁沙	品美食,并享受长桌午餐、品酒会、美食路径探险等活动
	缤纷悉尼灯光音乐节	5~6月 悉尼	观赏在灯光照耀下的城市地标性景点和建筑
	激情摇滚节	5月31日~6月10日 黄金海岸库朗岗塔	可免费参与各种家庭娱乐项目
6月	墨尔本国际爵士乐节	5月31日~6月9日 墨尔本	欣赏世界顶级的爵士乐表演,室内外场馆均有演出
	珀斯冬日艺术季	6月1日~8月31日 珀斯	观赏戏剧、电影、喜剧、歌剧、舞蹈、视觉艺术等,还可参与一系列的免费活动

续表

月份	名称	举办时间/地点	参与其中
6月	悉尼电影节	6月5日～16日 悉尼	在城市主要场馆欣赏著名电影
	阿德莱德歌舞节	6月7日～22日 阿德莱德	在小型歌舞广场和阿德莱德节庆中心欣赏喜剧、讽刺小品、现代艺术、摇滚以及百老汇经典曲目等
	墨尔本冬季大师杰作展	3～6月 墨尔本	到维多利亚国家艺术馆、墨尔本博物馆、澳大利亚移动影像中心欣赏名家作品
7月	堪培拉松露节	6月21日～7月28日 堪培拉及周边	参加寻找松露菌等活动，并在当地顶尖餐馆和酒庄品尝以松露为主导的菜肴
	黄金海岸马拉松	7月6日～7日 黄金海岸	可加入跑道旁边呐喊的人群当中，也可参加各类音乐和娱乐活动
	布里斯班七月"美味"节	7月16日～29日 布里斯班	参加美食系列展（FOOD Series）、种植系列展（GROW Series）、声乐系列展（SOUND Series）等一系列展览
	澳大利亚室内音乐节	7月21日～8月3日 汤斯维尔	欣赏高水平的音乐演出
	蒙达林松露节	7月28日～29日 蒙达林	逛美食特产市场、参与儿童食品活动及美酒展会

月份	名称	举办时间/地点	参与其中
8月	SALA艺术节	8月2日～25日 阿德莱德	免费参与社区视觉艺术盛会
	墨尔本国际艺术博览会	8月2日～5日 墨尔本	欣赏绘画、雕塑、摄影、等艺术作品，倾听免费讲座和论坛
	从城市到海滩长跑赛	8月11日 悉尼	加入欢腾的人群中为参赛者加油
	奥迪汉密尔顿岛帆船周	8月16日～24日 汉密尔顿岛	品尝由知名大厨精心准备的美食和葡萄酒，观看精彩的时装秀等
	街头艺术节	8月22日～26日 朗赛斯顿	免费观赏50多场演出，包括现场表演、戏剧、视觉艺术、音乐和舞蹈等
	鲁沙爵士音乐节	8月29日～9月1日 鲁沙	享受各种类型的爵士乐演出，还可进行日间爵士乐河上巡游
9月	澳亚艺术节	9月13日～29日 阿德莱德	观赏富有亚洲传统特色的作品，或到埃尔德公园（Elder Park）观看亚洲灯笼仪式
	花卉节	9月14日～10月13日 堪培拉	欣赏美丽鲜花、逛热闹的集市和美食摊位，还可享受现场音乐会或者在花丛中观看电影
	澳大利亚越野赛	9月20日～27日 西澳大利亚	沿着部分赛道驾驶四驱越野车感受尘土飞扬的刺激之感

续表

月份	名称	举办时间/地点	参与其中
9月	墨尔本艺术节	9~10月 墨尔本	观赏数以千计的艺术家作品
	布里斯班节	9月中旬~10月上旬 布里斯班	欣赏烟花
10月	渴望悉尼国际美食节	10月 悉尼	逛遍悉尼的小酒吧和美食区、参加大型的美食活动
	葡萄园歌剧节	10月5日~13日 亚拉河谷猎人谷	欣赏酒庄美景、品尝美酒、观看歌剧演出
	葡萄园爵士乐节	10月26日 猎人谷	在泰瑞尔酒庄（Tyrrell's Vineyard）欣赏爵士音乐会
11月	墨尔本杯嘉年华	11月2日~10日 墨尔本	在当地赛场上观看现场音乐表演或进行烧烤活动
	葡萄酒、玫瑰花和爵士音乐节	11月3日~4日 堪培拉	品尝美酒与美食、观看娱乐表演
	玛格丽特河美食节	11月22日~24日 玛格丽特河	参加各类与美酒美食有关的诸多精彩活动
12月	澳大利亚圣诞节	12月25日 全国	可去邦迪海滩野餐，也可享受美食、畅快游泳
	悉尼至霍巴特帆船赛	12月27日~1月1日 悉尼、霍巴特	从悉尼海港各处观景点观看帆船赛
	塔斯马尼亚美食节	12月28日~1月3日 霍巴特	在各类美食摊位品尝美食，还可观赏各类艺术展览和表演
	新年除夕	12月31日 悉尼	观赏悉尼海港大桥上的午夜烟火表演，在墨尔本和布里斯班进行河畔派对，在珀斯和阿德莱德参加盛大的舞会

② 激动人心的水上运动

冲浪

澳大利亚拥有众多著名的冲浪地，初学者可以在海岸附近的冲浪学校里小试身手，资深冲浪者则可前往世界顶级冲浪地一展身手。

著名冲浪地推荐	
名称	冲浪详情
黄金海岸（Gold Coast）	聚集了众多世界顶级的冲浪地，南部有鲷鱼岩（Snapper Rocks）、季拉（Kirra）、彩虹湾海滩（Rainbow Bay Beach）和多伦巴（Duranbah），北部有斯皮特（The Spit）
曼利海滩（Manly Beach）	位于北方斯特纳冲浪救生俱乐部中的曼利冲浪学校（Manly Surf School）是冲浪者必到的学校
卡巴雷塔海滩（Cabarita Beach）	是所处的海岸线上少数免受北风侵袭的地方之一，深受澳大利亚当地冲浪者喜爱
潘布拉河口（Pambula Rivermouth）	当河口的海浪处于活跃状态时，很难征服，为冲浪者冲浪带来了很高的挑战性
北纳拉宾（North Narrabeen）	拥有5种难度各异的海浪，如既有左手浪也有右手浪的The Alley，以及以浪中有浪著称的The Bombie
努萨岬（Noosa Heads）	这里和周围Sunshine Beach、Tea Tree Bay以及Granite Bay的海浪广受澳大利亚冲浪者青睐
鲷鱼岩（Snapper Rocks）	这里拥有世界上最长的波浪区域，是专业冲浪者的最爱

续表

名称	冲浪详情
贝尔斯海滩 （Bells Beach）	大洋路上的热门冲浪地，拥有刺激的海浪，可在这里看到众多世界顶级专业冲浪选手的精湛技艺
玛格丽特河 （Margaret River）	四季皆宜的国际级冲浪胜地，虽然冬季有些冷，但也能遇到不少冲浪爱好者
罗特尼斯岛 （Rottnest Island）	这里的海浪通常较高，比较有挑战性，这里的冲浪佳地包括斯特里克兰湾（Strickland Bay）、鲑鱼湾（Salmon Bay）、斯塔克湾（Stark Bay）。你可在罗特尼斯岛游客中心（Rottnest Island Visitor Centre）获取海滩和海浪地图
卡克特斯海滩 （Cactus Beach）	这里人烟稀少，风景优美，但不适合初学者，尤其是在波浪不稳定的冬季
南岬湾 （South Cape Bay）	这里拥有纯净的冷水波浪，冲浪时会获得很大的成就感

TIPS 在进行冲浪等水上运动时，一定要注意海水中隐藏的各种危险，随时注意海浪、潮汐的变化，尤其要格外警惕离岸流（Rip Currents）现象，其往往会突然出现在有礁石环绕的海滩上。如果不幸陷入离岸流中，要保持冷静，向离岸流垂直方向游出（如下图所示）。要注意，黄金海岸的斯比特（Spit）、主海滩（Main Beach）、棕榈海滩（Palm Beach）和美人鱼海滩（Mermaid Beach）遇到这种情况的几率比较大。

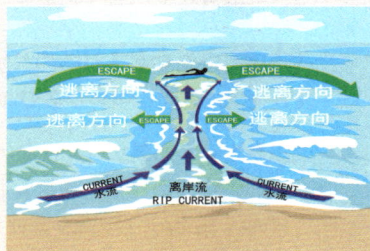

潜水

澳大利亚拥有众多岛屿和珊瑚礁，水域中栖息着大量珍贵的海洋生物，是一个名副其实的潜水胜地。

著名潜水地推荐	
名称	潜水详情
大堡礁	可以潜到海底看形态各异的小鱼和色彩艳丽的珊瑚，还有可能看到海豚等各种奇特的海洋生物
宁格鲁礁（Ningaloo Reef）	在这里，基本上全年都能看到种类丰富的海洋生物。Bundegi Beach的珊瑚礁保护区是初级潜水者练手的好去处，克斯茅斯湾村（Exmouth Gulf）入口处的海绵园则是资深潜水者一展身手的潜水胜地
莫宁顿半岛（Mornington Peninsula）	可在菲利普港海角（Port Phillip）进行峭壁潜水，探访沉没的潜艇，在索伦托（Sorrento）与海豚共游，在海藻床礁（Kelp Beds Reef）观察水下悬崖、暗礁和洞穴，也可在波特西码头（PortseaPier）学习潜水
拜尔得湾（Baird Bay）	可以在海狮和宽吻海豚身边进行潜泳或潜水
达尔文港（Darwin Harbour）	探索珊瑚礁群、各色鱼类
克洛威（Clovelly）和戈顿湾（Gordons Bay）	在岩石水道中潜水，可以观赏五彩缤纷的鱼类，在水下自然路径（Underwater Nature Trail）绕戈顿湾潜水，景致很好
杰维斯湾（Jervis Bay）	在这里可以看到水下石拱门、水下楼梯和秘密洞穴等美妙的潜水景点，更有众多海洋生物围绕在你身边
菲尔半岛（Fleurieu Peninsula）	这里最为著名的潜水地点在菲尔礁（Fleurieu Reef）处，澳大利亚最伟大的海军驱逐舰之一——霍巴特号（HMAS Hobart）就沉于此处，潜水者可轻松潜入舰艇内部，参观机房和枪炮塔等设施

TIPS 如果想潜水，可在当地潜水公司或联系你所在州的潜水行业协会（Diving Industry Association）了解有关潜水的相关信息。在潜水时，需要穿好保护服，并时刻注意警告标志，虽然珊瑚礁十分美丽，但是一定不要随意触摸它们，因为许多珊瑚都有毒。

www.diveindustry.com.au

③ 与动物们亲密接触

可爱的袋鼠与考拉

可爱的袋鼠和考拉可谓是澳大利亚的象征，在澳大利亚庞大的动物群中最为大家所熟悉和喜爱。

TIPS 在澳大利亚的公路上自驾时，要注意很多画有小动物图标的警示牌。

袋鼠路牌

考拉路牌

考拉路牌

随处可见的袋鼠

在澳大利亚，袋鼠可谓随处可见，尤其是在下面介绍的地方。

★大部分乡村地区的野外。

★大洋路上的安吉尔西（Anglesea）以及格兰平山脉（Grampians）

★袋鼠岛（Kangaroo Island）和弗林德斯山脉（Flinders Ranges）。

★可近距离观察袋鼠的地方：纳玛吉国家公园（Namadgi National Park）、库斯伍兹库国家公园（Kosciuszko National Park）、培布利海滩（Pebbly Beach）、玛莉亚岛（Maria Island）。

★在内陆地区，经常能看到有袋鼠跳过公路。

TIPS 在较为偏远、岩石较多、地形崎岖的地区，体型较小的沙袋鼠比较常见，你可到弗林德斯山脉、菲欣纳国家公园、纳玛吉国家公园、库斯伍兹库国家公园寻找它们。

呆头呆脑的考拉

呆头呆脑的考拉可谓是澳大利亚的明星动物，在气候温和的东海岸随处可见它们的身影。

可与考拉亲密接触的地点推荐

名称	抱考拉或合影	网址/二维码
龙柏考拉保护区（Lone Pine Koala Sanctuary）	在园内可以抱考拉、喂袋鼠。与考拉合影每张照片18澳元	www.koala.net
可伦宾野生动物保护区（Currumbin Wildlife Sanctuary）	有和考拉拍照的纪念馆，抱考拉49澳元	www.cws.org.au
翎羽谷野生动物园（Featherdale Wildlife Zoo）	可以随时抱考拉或合影，不额外收费，套票成人92澳元	www.featherdale.com.au
Maru考拉动物园（Maru Koala & Animal Park）	与考拉近距离接触20澳元	www.marukoalapark.com.au
汉密尔顿岛野生动物园（WILD LIFE Hamilton Island）	套票（公园门票+考拉陪吃早餐+抱考拉拍照）成人75澳元，儿童45澳元；考拉陪吃早餐+抱考拉拍照成人56澳元，儿童38澳元	www.wild-life.com.au
玻璃穹隆顶野生动物园（Wildlife Dome）	门票24澳元，和考拉拍照加16澳元	cairnszoom.com.au

精彩的观鲸之旅

澳大利亚是著名的观鲸胜地，每年5～11月，座头鲸、南露脊鲸、蓝鲸、抹香鲸等鲸鱼便开始了大规模的迁徙。此时，你可在东部和西部海岸线看到各种鲸鱼。

观鲸胜地推荐	
名称	观鲸详情
奥尔巴尼（Albany）	每年6～10月期间，座头鲸会游经这座位于西澳大利亚南部海岸的小镇
乔格拉菲湾（Geographe Bay）	每年9～12月，可以在这里看到座头鲸，它们在养大幼崽之后，才回到南太平洋
维克多港（Victor Harbor）	每年5～10月，南露脊鲸会在这里交配和繁育，你可在导游的带领下寻找它们的身影，也可前往相逢湾（Encounter Bay）附近的悬崖顶部一窥它们伟岸的身姿

续表

名称	观鲸详情
大澳大利亚海湾海洋公园（Great Australian Bight Marine Park）	提供顶级的崖顶鲸群观赏体验，在这里无需参加旅行团，也不用导游指导，只需漫步在山崖上的栈道就能近距离观赏鲸鱼。6月和9月是在这里观鲸的最佳时机
道格拉斯港（Port Douglas）	每年6月和9月，座头鲸迁徙会经过此地
圣灵群岛（Whitsundays）	这里是座头鲸和巨头鲸的游乐园，每年6～8月，几乎每天都能在不同的岛屿观赏到鲸鱼
布鲁尼岛（Bruny Island）	每年5～7月、9～12月期间，这里便会成为座头鲸和南露脊鲸的休憩地，你可加入海鲜诱惑之旅（Seafood Seduction）或布鲁尼岛游艇之旅（Bruny Is land Cru ise）开启精彩的观鲸之旅
华南埠（Warrnambool）	每年6～9月，这里的近港海湾会成为南露脊鲸的避风港，在这里可以近距离观察母鲸和幼崽
杰维斯海湾（Jervis Bay）	每年5～11月，座头鲸会陆续来到这里修整
宁格鲁礁（Ningaioo Reef）	观看鲸鲨的好去处

Chapter ONE

新南威尔士州与首都领地

悉尼

悉尼最优出行方案速查

机场到市区

悉尼国际机场（Sydney Airport,SYD）是澳大利亚最繁忙的机场，我国北京、上海、广州、香港等地都有直飞悉尼的国际航班。

悉尼国际机场信息	
地址	悉尼马斯觉（Mascot）
电话	02-96679111
网址/二维码	www.sydneyairport.com.au （微信）
相关介绍	前往堪培拉需从国内航站楼（T2/T3）出发

机场至市区交通

交通方式	介绍	票价	省钱攻略
火车（Airport Link）	在国内航站楼（T2和T3）下面或国际航站楼（T1）乘坐，可直接前往市中心。每10分钟一班，车程约13分钟	国内航站楼出发成人17.4澳元，4~16岁未成年人14澳元；国际航站楼出发成人18.2澳元，4~16岁未成年人14.4澳元	使用Opal卡更便宜。4岁以下儿童免费，一个家庭只需要给1名儿童购票，其他儿童免费
机场巴士（Shuttle Bus）	需提前订票，可前往悉尼市内各大酒店、国王十字、达令港等地	机场巴士会将旅客送到酒店门口，在预订酒店时可以咨询酒店工作人员是否提供免费机场接送服务，票价约为16澳元	可以选择购买往返票，需30澳元
400路巴士	起点站为Bondi Junction，终点站为Burwood，在T1国际航站楼和T3国内航站楼停靠	可在www.sydneybuses.info上查询票价信息	使用Opal卡更便宜。400路巴士上下站没有站名提醒，如果你对悉尼不熟悉，不建议乘坐

交通方式	介绍	票价	省钱攻略
出租车	每个航站楼门口都有出租车等候区，需要提前打电话预约出租车	到市区约50澳元，到北区约60澳元，到曼利约103澳元；在机场乘出租车还需要支付4.1澳元的机场费	出租车价格还与等待时间有关，等待时间越长价格越高。打车费用较高，2人以上可以考虑打车

TIPS 悉尼国际航站楼（T1）和国内航站楼（T2/T3）没有挨在一起，从国际航站楼到国内航站楼，步行约3.5公里，需40~50分钟，不建议步行前往。可以选择乘坐Airport Link，需花费5.8澳元，用时约2分钟；也可选择摆渡车（TBus），需花费5.5澳元，用时约10分钟，澳航乘客可凭机票免费乘坐。当然，也可以选择乘坐出租车，费用约10澳元。

T1航站楼在专门的巴士停靠区（在麦当劳附近），比较容易找到；T2/T3航站楼到达区出口在靠中间的位置。

使用悉尼公交一卡通

悉尼Opal卡

持有悉尼Opal卡（www.opal.com.au），可无限次乘坐悉尼市内的城铁、巴士、渡轮等多种交通工具。Opal票价比MyTrain车票要便宜，特别是在达到每周乘车奖励标准之后。

Opal卡中文PDF
www.opal.com.au/
en/documents/
chinese.pdf

Opal Travel APP
苹果下载

Opal成人卡

Opal儿童卡

Opal卡火车票价						
里程		0～10公里	10～20公里	20～35公里	35～65公里	65公里以上
成人	高峰时段	3.38澳元	4.2澳元	4.82澳元	6.46澳元	8.3澳元
	非高峰时段	2.36澳元	2.94澳元	3.37澳元	4.52澳元	5.81澳元
4～15岁未成年人	高峰时段	1.69澳元	2.1澳元	2.41澳元	3.23澳元	4.15澳元
	非高峰时段	1.18澳元	1.47澳元	1.68澳元	2.26澳元	2.9澳元

TIPS 持有Opal卡在非高峰时段出行，火车票价可以节省30%。只要在周末、公共假日及下列高峰时段之外的任何时间乘坐均可享受该优惠。
悉尼市内火车：7:00～9:00、16:00～18:30；城际火车：6:00～8:00、16:00～18:30。

Opal卡巴士票价			
里程	0～3公里	3～8公里	8公里以上
成人	2.1澳元	3.5澳元	4.5澳元
4～15岁未成年人	1.05澳元	1.75澳元	2.25澳元

Opal卡渡轮票价		
里程	0～9公里	9公里以上
成人	5.74澳元	7.18澳元
4～15岁未成年人	2.87澳元	3.59澳元

Opal卡电车票价		
里程	0～3公里	3～8公里
成人	2.1澳元	3.5澳元
4～15岁未成年人	1.05澳元	1.75澳元

TIPS 在乘坐Stockton渡轮的1个小时之内，再使用Opal卡乘坐巴士，则根据你出行的距离收取一次票价。

悉尼玩点速览+线路推荐

玩点速览

悉尼歌剧院

悉尼歌剧院（Sydney Opera House）不仅是座艺术的殿堂，也是悉尼文化的象征。作为世界上最大的表演艺术中心之一，悉尼歌剧院每年举办的演出多达1600场，演出种类相当丰富，除了有歌剧外，还有芭蕾舞、戏剧、摇滚乐、交响乐、儿童表演等。你可沿着剧院前庭拾级而上，以悉尼海港大桥为背景拍照留念。

旅游资讯

🏠 Bennelong Point,Circular Quay East,Sydney
📞 02-92507111
📍 乘坐城铁或555路免费巴士到达环形码头下车，步行5～10分钟可到
🕐 9:00～17:00
💲 成人24澳元，学生及16岁以下未成年人16.8澳元
📶 www.sydneyoperahouse.com

TIPS 可在楼上的Guided Tour Desk处预订中文导游服务，成人25澳元，儿童18澳元，学生21澳元，家庭68澳元。时间为9:00、9:15、10:00、10:15、11:00、11:15、12:00、13:15、14:00、14:15、15:00、15:15、16:00、16:15，持续时间为半小时。

可提前在官网购票，需要手续费8.5澳元，也可到一楼门厅的售票处选剧买票，需要收手续费5澳元。要注意，很多热门剧目往往提前半个月或一个月票就被抢购一空了。

悉尼海港大桥

悉尼海港大桥（Sydney Harbour Bridge）是一座外形如"衣架"的大铁桥，其作为连接港口南北两岸的重要桥梁，还是展现悉尼的一个重要符号。这座巨大的钢铁结构大桥，每天有无数汽车、火车、自行车和行人经由它跨越悉尼港。你可登上大桥桥塔的瞭望台，俯瞰悉尼歌剧院、码头、达令港等标志性景点的美景。

旅游资讯

🏠 Cumberland St.,Sydney
📞 02-92401100
📍 乘坐城铁或者免费巴士到环形码头下车，步行可到

TIPS 可以通过悉尼大桥攀登公司登上大桥最高处，便可在134米的高空俯瞰悉尼的壮丽美景了。该项目需要提前在官网上预约，不然要排队很久。

整个攀登项目用时为2小时15分钟或3小时30分钟，参加者需提前15分钟抵达悉尼大桥游客中心前台办理参团手续，攀登海港大桥能获得一张合影和证书。要注意：攀登大桥价格每年会有所变动，相关信息可参考右侧网站。

攀登大桥官网
www.bridgeclimb.com

悉尼海港大桥攀登价格
www.bridgeclimb.com/prices

岩石区

岩石区（The Rocks）位于悉尼海港大桥下方，记载着悉尼港悠久的历史。这里是悉尼第一个欧洲殖民者生活的地方，拥有许多经典的老屋与老街，现在也不乏众多新潮的市场、剧院、咖啡馆、餐厅和酒吧，同时也是悉尼一些著名艺术景点的聚集地。

旅游资讯

🏠 Walsh Bay,Sydney

📍 乘坐城铁或者免费巴士到环形码头下车，向西北方向走5分钟可到

📶 www.therocks.com

TIPS 每年7月，悉尼岩石区会举行咖啡节，期间岩石区的咖啡商会以低价出售咖啡，此时，是品尝各种澳大利亚优质咖啡的绝佳时机。

可从环形码头出发，经过当代艺术博物馆，到达阿盖尔街（Argyle St.），在这里可以找到众多精品店、餐厅和巧克力店；还可以穿过造型精致的楼台，顺着石阶来到悉尼最古老的酒馆Fortune of War，在这里，可以一边品尝当地酿制的啤酒，一边遥想曾经的历史。

达令港

达令港（Darling Harbour）又名情人港，是悉尼著名的旅游、购物中心，也是各大庆典与节日的举办地。这里既有著名的博物馆、别具特色的商店与餐馆，也有四季不断的户外活动，尤其值得一提的是，位于该区域的每家餐馆均可饱览美妙的海港及城市景色。此外，悉尼会议及展览中心也位于达令港，是当地居民欢聚晚餐及享受轻松周末时光的好去处。

旅游资讯

🏠 City Centre,Sydney
📍 从市政厅（Town Hall）沿市场街（Market Street）西行约5分钟可到，或从唐人街沿德信街（Dixon Street）向北走约10分钟可到
📶 www.darlingharbour.com

TIPS 达令港每周都会定期燃放烟花，美丽异常，相关信息可从右侧官网获取。

darlingharbour.com/whats-on/fireworks

澳大利亚穷游也行

	达令港热门旅游景点推荐			
名称	地址/交通	门票/开放时间	网址/二维码	旅游亮点
悉尼水族馆（Sydney Aquarium）	1-5 Wheat Rd.,Sydney；乘火车在温亚德站（Wynyard Station）或市政厅站（Town Hall）站下车可到	成人40澳元（网上预订28澳元），4~15岁未成年人28澳元（网上预订19.6澳元）；9:00~20:00	www.sydneyaquarium.com.au/chinese（中文）	观赏13000多种海洋动物、漫步于壮观的海洋隧道之中、深入海下探索鲨鱼谷、触摸小动物
悉尼野生动物世界（Wild Life Sydney Zoo）	1-5 Wheat Rd.,Sydney；沿市场街（Market Street）或国王街（King Street）街步行5~10分钟可到	成人40澳元（网上预订26.87澳元），4~15岁未成年人28澳元（网上预订15.31澳元）；4月至12月2日9:00~18:00，12月3日至次年3月9:00~20:00	www.wildlifesydney.com.au/chinese（中文）	参观互动式展览、给动物喂食、与考拉合影或共进早餐、观赏可爱的动物（袋鼠、考拉、沙袋鼠、袋熊、袋獾等）、在袋鼠路径（Kangaroo Walk About）漫步

名称	地址/交通	门票/开放时间	网址/二维码	旅游亮点
悉尼杜莎夫人蜡像馆（Madame Tussauds Sydney）	Aquarium Wharf, Sydney；从悉尼水族馆步行约1分钟可到	成人40澳元（网上预订28澳元），4~15岁未成年人28澳元（网上预订19.6澳元）；周一至周四9:30~18:00，周五至周日9:30~19:00	www.madametussauds.com.au	可接触一线明星的蜡像，包括本土明星妮可•基德曼、休•杰克曼等，国际明星约翰尼•德普、Lady Gaga等
LG Imax Theatre	31 Wheat Rd.,Sydney；从悉尼水族馆沿着Wheat Rd.向南前行约5分钟可到	短片成人23澳元，3~15岁未成年人17澳元，家庭（1名成人+2名儿童）55澳元，家庭（2名成人+2名儿童）68澳元；电影成人35澳元，3~15岁未成年人25澳元，家庭（1名成人+2名儿童）76澳元，家庭（2名成人+2名儿童）98澳元	www.imax.com.au	在约9层楼高的环幕屏幕前观看最新的3D电影或者科普类纪录短片

TIPS 可在悉尼水族馆官网订票界面购买套票，会优惠很多，其中5景点套票（悉尼杜莎夫人蜡像馆+悉尼水族馆+悉尼野生动物世界+悉尼

塔眼+曼利海洋生物保护区）网上订票成人69澳元，4～15岁未成年人42澳元。更多套票优惠信息可参考右侧官网。

而关于LG Imax Theatre，悉尼官方旅游指南（The official Sydney Guide）经常提供优惠券，往往有20%的折扣；持有青年旅舍会员卡可以享受八折优惠。

www.
sydneyaquarium.
com.au/tickets/

皇家植物园

皇家植物园（Royal Botanic Gardens）种植众多澳大利亚特有植物，由于该园自开园以来，便不断收集世界各地的植物，所以现在园内的植物种类繁多。园内包括宫廷花园、棕榈园、蕨类植物区、展览温室等园区，每个园区内栽种有众多不同种类的植物，令人目不暇接。

旅游资讯

🏠　Mrs Macquaries Rd.,Sydney

📍　乘坐200、441等路巴士可到

🕐　4～9月10:00～16:00，10月至次年3月10:00～18:00

TIPS　沿步行道走，在皇家植物园的东北角可找到麦考瑞夫人岬角（Mrs Macquarie's Point），这里是眺望歌剧院和海港大桥的最佳地点。在此处拍照，最好选择清晨日出之际，这时拍摄剧院为顺光拍摄，效果较好，而下午是逆光，则不利于拍出好看的照片。此外，在这里的草地上野餐很不错，可提前在超市采购一些食物，若能带上块野餐布就更好不过了。

新南威尔士州美术馆

　　新南威尔士州美术馆（Art Gallery of New South Wales）陈列着澳大利亚优秀的艺术佳作，集中了澳大利亚艺术的精华所在，包括澳大利亚各个时期的美术作品，及世界各地从古典到现代的美术精品。该美术馆免费开放，还设有原住民的展区。

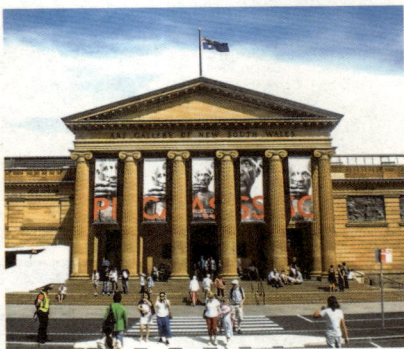

旅游资讯

🏠 Art Gallery Rd.,Sydney
📞 02-92251744
📍 乘坐城铁A线至Flaminio站下车步行可到
🕐 10:00～17:00（圣诞节和耶稣受难日关闭）
🛜 www.artgallery.nsw.gov.au

悉尼塔眼

　　悉尼塔眼（Sydney Tower Eye）是悉尼最高的建筑物，在其视野宽阔的观景台上可360°欣赏悉尼市区美景。在这里，还可观赏澳大利亚首部制作的4D电影，感受不一样的观影体验。此外，刺激的空中漫步也不容错过，这是一条悬在260米高空的步行道，其高度是悉尼海港大桥的一倍多。

旅游资讯

🏠 100 Market St.,Sydney
📞 02-93339222
📍 乘坐单轨火车在市中心车站下车，穿过市场街可到；乘坐轻轨火车在国会大厦广场车站下车，沿皮特街步行可到
🕐 9:00～22:00
💲 26澳元；空中漫步（包括门票）周一至周五65澳元，周末69澳元
🛜 www.sydneytowereye.com.au

邦迪海滩

邦迪海滩（Bondi Beach）是在南海滩和北海滩中最受欢迎的海滩，一年四季均适合游玩，尤其是夏季，这里会成为晒日光浴和冲浪的绝佳地点，不过夏季这里往往人满为患，要注意避开旅游高峰期。此外，邦迪海滩边的街道上布满了各式各样的酒吧、餐厅和咖啡馆。

旅游资讯

🏠 Queen Elizabeth Dr.,Sydney
📍 从悉尼市区乘坐邦迪线城铁到Bondi Junction站下车，然后在公交站A站牌转乘380路巴士，约15分钟可到
📶 www.bondivillage.com

TIPS 邦迪海滩有条5公里的步行路径通往库吉海滩，沿途经过塔玛拉玛海滩（Tamarama Beach）、布伦特海滩（Bronte Beach）、克洛威利海滩（Clovelly Beach），景色很美。

曼利海滩

曼利海滩（Manly Beach）是最受悉尼人欢迎的海滩之一，拥有美不胜收的自然风光、各种各样的购物商店和精品店，以及涵盖了世界各地美味的美食街。曼利游客信息中心（02-99761430，周一至周五开放时间为9:00～17:00，周末及节假日开放时间为10:00～16:00）提供有众多有用的信息和建议，其中包括旅游小册子和地图。

旅游资讯

🏠 North Steyne St.,Sydney
📍 从环形码头的3号栈桥乘渡轮约半个小时可到
📶 www.manly.nsw.gov.au

TIPS 在去曼利海滩的渡轮上可以全面观赏悉尼港美景，此外，上层甲板上有免费Wi-Fi。

线路推荐

DAY *1*

悉尼歌剧院 ➡ 岩石区 ➡ 悉尼海港大桥 ➡ 皇家植物园

悉尼歌剧院 / 参加悉尼歌剧院中文导览团进行全方位游览

步行13分钟

岩石区 / 逛逛鹅卵石铺成的小巷，寻访热闹的周末市场

步行10分钟

悉尼海港大桥 / 攀登大桥顶端，俯瞰悉尼市景

步行14分钟

皇家植物园 / 到信息中心获取免费地图，免费游览公园

DAY *2*

达令港 ➡ 悉尼塔眼 ➡ 新南威尔士州美术馆

达令港 / 观看街头艺人表演，游览相邻的唐人街及中国花园

途经King St.，步行7分钟

悉尼塔眼 / 在玻璃底观景平台上俯瞰悉尼全景

途经via Art Gallery Rd.，步行11分钟

新南威尔士州美术馆 / 收藏有众多精致的艺术品

DAY *3*

邦迪海滩 ➡ 曼利海滩

邦迪海滩 / 游览邦迪集市，观看海边雕塑展览

乘380路巴士到Military Rd Terminus，再换轮渡可到；或自驾途经A8，约39分钟

曼利海滩 / 乘坐曼利渡轮，在海上观赏悉尼歌剧院、海港大桥

悉尼高性价比住宿地推荐

在悉尼选择住宿地，除了从住宿价格方面来考虑，还要考虑交通及周边环境等因素。综合多方面因素，推荐住在环形码头和岩石区、中央车站、市政厅这些区域。

推荐原因	
地点	原因
环形码头和岩石区	搭乘渡轮很方便，还可以欣赏悉尼海港风景
中央车站	临近唐人街，交通便利，购物、就餐都很方便
市政厅	距离达令港和海德公园都很近，附近各大商场聚集，其中包括维多利亚女王大厦

住宿地推荐

高性价比酒店推荐				
名称	地址	网址	参考价格	亮点
Y Hotel Hyde Park	5 - 11 Wentworth Avenue, Sydney	yhotels.com.au	双人间189澳元，双床间89澳元	毗邻海德公园和牛津街，提供免费欧陆式早餐、无线网络连接，并设有公用厨房及洗衣设施
Sydney Central Inn	428 Pitt St.,Sydney	www.sydneycentralinn.com.au	双人间94澳元，3人间84澳元	距离唐人街有5分钟步行路程，距离达令港有15分钟步行路程；提供免费无线网络连接

高性价比公寓推荐				
名称	地址	网址	参考价格	亮点
Waldorf Sydney Central Serviced Apartments	47-49 Chippen St.,Chippendale , Sydney	waldorfsydneycentral.com.au	1室公寓170澳元，1卧室公寓188澳元	设有设施齐全的厨房，每天可以在每台设备上使用150MB的免费Wi-Fi
Meriton Serviced Apartments Campbell Street	6 Campbell St., Haymarket, Sydney	www.meritonapartments.com.au/cn/	1室公寓196澳元，标准套房211澳元	距离达令港有15分钟步行路程，提供厨具和洗衣设施，每天可使用1GB的免费Wi-Fi

高性价比旅馆/旅舍推荐				
名称	地址	网址	参考价格	亮点
Sydney Harbour YHA	110 Cumberland Street, Sydney	www.yha.com.au	双人间182澳元；单个床位（6张床）52澳元，单个床位（4张床）55澳元	位于岩石区，可欣赏悉尼歌剧院、悉尼海港大桥、悉尼港美景；可在休息区使用免费Wi-Fi，旅游咨询台可帮客人安排社交活动
Sydney Central YHA	11-23 Rawson Place, Sydney	www.yha.com.au	双人间145澳元；单个床位（8张床）44澳元，单个床位（6张床）45澳元，单个床位（4张床）50澳元	位于中央车站对面，在屋顶户外区可欣赏城市全景；提供免费Wi-Fi以及厨房、烧烤设施，周围有很多餐馆

悉尼百里挑一的经济餐

寻找经济餐的好去处

唐人街

悉尼的唐人街（China Town）上拥有各种街边小吃摊及各类餐馆，从粤菜到泰国菜、韩国菜等都能吃到。如果是周五，还可以逛逛唐人街夜市（16:00～23:00），有各种小吃可供品尝。

旅游资讯

🏠 Dixon St.,Sydney
📍 乘坐城铁到St. James站下步行可到

唐人街中餐馆推荐				
名称	地址	电话	人均消费参考	特色
金唐海鲜酒家（Golden Century Seafood Restaurant）	393-399 Sussex Street,Haymarket, Sydney	02-921 23901	180澳元	适合中国人口味的海鲜
中国面馆（Chinese Noodle Restraunt）	8 Quay Street, Haymarket,Sydney	02-928 19051	20澳元	美味面条，蒸饺也不错
蜀香坊（Spicy Sichuan Restaurant）	2 Cunningham St., Haymarket,Sydney	02-921 14222	30澳元	地道四川菜
金海酒家（Golden Harbour Restaurant）	31-33 Dixon Street, Haymarket,Sydney	02-921 25987	—	吃粤式早茶和下午茶的首选地

悉尼鱼市场

　　悉尼鱼市场（Sydney Fish Market）拥有各种当天捕获的海鲜，依据不同的捕获地点，具体价格也不尽相同。鱼市场主要由几家较大的店铺组成，大多采用现买现做的模式。你可购买一些做好的海鲜，然后坐在海边一边欣赏美景一边享用美味的海鲜大餐，当然，也可以购买一些海鲜拿回去做顿美味的晚餐。此外，你可以参加每天早上5:30的鱼类拍卖活动，从中可买到100多种新鲜打捞的海鲜。在这里吃一顿美味的海鲜，约需花费35澳元。

旅游资讯

🏠 Bank St. & Pyrmont Bridge Road,Sydney
📞 02-90041100
📍 乘坐轻轨在悉尼鱼市场站下步行3分钟可到
🕐 周一至周四7:00～16:00，周五至周日7:00～17:00
📶 www.sydneyfishmarket.com.au

经济餐馆推荐

Blackbird Cafe

　　这是一家美味的意大利餐馆，提供丰盛的意大利面、纽约风格的比萨等美食。这里还供应特价午餐，特价19.9澳元，包括饮料和主餐，很划算；每周四17:00之后为女士之夜，此时前来的女士都会获得很大优惠。

旅游资讯

🏠 Cockle Bay Wharf, Harbour St.,Sydney
📞 02-92837385
📶 www.blackbirdcafe.com.au

Sailor's Thai

　　假如你对海港地区那些高价餐厅望而却步，不妨到这个地方看看。这是一家地道的泰国餐馆，分量足、价值高，尤其推荐泰式河粉、蕉叶大虾等美食。可选择外带食物，价格10～29澳元。

旅游资讯

🏠 106 George Street,The Rocks,Sydney St.,Sydney
📞 02-92512466
📶 sailorsthai.com.au

悉尼本地人爱去的购物地

本地人爱去的购物街

皮特街

皮特街（Pitt St.）是悉尼中央商务区的心脏，也是澳大利亚最繁忙的时尚购物区。这里汇集了Myer、David Jones等600多个精品专卖店。

旅游资讯

🏠 从圣詹姆斯站(St. James Station)步行经过Market St.约5分钟可到

牛津街

牛津街（Oxford St.）是悉尼最别具风情的特色街区之一，拥有琳琅满目的精美小店，名牌时装、前卫设计、二手服饰、艺术画廊等都随处可见。

旅游资讯

🏠 从Town Hall Station乘坐M40路巴士可到

本地人爱去的商场

维多利亚女王大厦

维多利亚女王大厦（Queen Victoria Building）拥有众多设计师时尚单品、珠宝首饰和咖啡馆，在这里仅仅是看那奢华的建筑，也是一种很极致的享受。大厦内部有免费Wi-Fi，地下一层经常有折扣活动。

旅游资讯

🏠 455 George St.,Sydney
📞 02-92656869
📶 www.qvb.com.au

大卫琼斯

大卫琼斯（David Jones）是到悉尼必逛的名品店，它有两栋大楼，主楼位于Elizabeth St.，销售女性及儿童服装；另一栋在Market

St.，为男性用品专卖店，商品很齐全。

旅游资讯

- 📞 02-92665544
- 🌐 shop.davidjones.com.au

Myer

Myer百货商场是澳大利亚一家大型的跨国百货公司，有很多澳大利亚本地品牌及国际品牌。

旅游资讯

- 🏠 436 George St.,Sydney
- 📞 02-92389111

韦斯特菲尔德

韦斯特菲尔德（Westfield Sydney）拥有齐全的国际奢侈品牌和本土品牌，每家商店的商品款式都是最新的。

旅游资讯

- 🏠 188 Pitt St.,Sydney
- 📞 02-82369200
- 🌐 www.westfield.com.au

海岸百货

海岸百货（Strand Arcade）是一个历史悠久的商场，可与维多利亚女王大厦相媲美，有许多时装店、皮具店、精品店以及咖啡厅和餐厅。

旅游资讯

- 🏠 412-414 George St.,Sydney
- 📞 02-92656800
- 🕐 9:00～18:00
- 🌐 www.strandarcade.com.au

本地人爱去的市场

帕丁顿市场

帕丁顿市场（Paddington Markets）拥有众多令人眼花缭乱的摊位，是周末购物的好去处。此外，在附近的广场上还有一些街头表演。

旅游资讯

- 🏠 395 Oxford St.,Paddington,Sydney
- 📞 02-93312923
- 🕐 周六10:00～16:00
- 🌐 www.paddingtonmarkets.com.au

岩石区市场

每到周末，乔治街（George Street）、Jack Mundey Place和普雷菲街（Playfair Street）等街道就会成为热闹的市场，是挑选服装、艺术品、摄影作品和礼品的好去处。值得注意的是，市场里有一些摊铺不允许拍照。另外，精彩的街头表演是这里的一大特色。

旅游资讯

- George St.,The Rocks,Sydney
- 02-92408717
- 周六、周日10:00~17:00
- www.therocks.com

唐人街夜市

每周五16:00唐人街开始就摆出各种摊位，除了各种小吃外，还有衣服、纪念品等。

帕迪市场

帕迪市场（Paddy's Markets）为原汁原味的悉尼社区市场，提供种类丰富的商品，从太阳镜到绵羊皮应有尽有，并且价格便宜。

旅游资讯

- Market City,Hay St. & Thomas Street,Sydney
- 周三至周日9:00~18:00
- www.paddysmarkets.com.au

邦迪集市

从1993年开始，邦迪海滩坎贝尔广场（Campbell Parade）会在每个周日举办邦迪集市（Bondi Market），出售各种个性时装、饰品以及杂物古玩。

旅游资讯

- 每个周日10:00~16:00（1月、12月到17:00）
- www.bondimarkets.com.au

Glebe Market

Glebe Market位于悉尼市郊的Glebe镇上，主要出售过季的品牌服饰，相当于一个品牌折扣市场。另外，这里还有许多很有特色的咖啡屋和小餐厅。

旅游资讯

- 40 Glebe Point Rd.,Glebe
- 0419-291449
- 每周六10:00~16:00
- www.glebemarkets.com.au

悉尼不花钱的娱乐活动

悉尼是澳大利亚最古老、规模最大和极具多样性的城市，历史悠久的城区有着众多丰富多彩的娱乐活动，其中有很多娱乐活动仅仅在户外就可免费享受到。

不花钱的娱乐活动

缤纷悉尼灯光音乐节

每年冬季（5～6月），悉尼会举办色彩缤纷的灯光音乐节，届时，悉尼港将通过惊艳无比的灯光艺术和流行音乐为你带来空前的视觉盛宴。你可通过官网查看完整的节目介绍。

旅游资讯

🏠 Bennelong Point,Sydney Harbour
📞 02-99311111
📶 www.vividsydney.com

悉尼新年前夜烟火表演

在悉尼新年前夜，你将欣赏到无比精彩的烟火表演，更有丰富多彩的欢庆活动举行。庆祝活动从17:00开始，一直到午夜烟火表演将节日氛围推向高潮。值得一提的是，这段时间悉尼很多酒店会推出节日专享餐饮和住宿礼包。

旅游资讯

📶 www.sydneynewyearseve.com

中国农历新年

每年夏季，中国农历新年会让悉尼的街道变得热闹非凡，花车大巡游、烟花表演和达令港赛龙舟都是不容错过的精彩活动。

旅游资讯

📶 www.sydneychinesenewyear.com

海边雕塑展

每年10月，在邦迪海滩和塔玛拉玛海滩之间壮观的海岸步道上，将会展示100多件雕塑艺术作品。海边雕塑展是世界上最大的年度免费对公众开放的户外雕塑展览，在展览期间，可沿大道欣赏各种造型独特的雕塑。

旅游资讯

🏠 Bondi to Tamarama Coastal Walk,Bondi Beach,Sydney
📞 02-83990233
📶 www.sculpturebythesea.com

悉尼 → 堪培拉

来回交通

乘飞机

　　从悉尼国际机场往返堪培拉国际机场（Canberra International Airport,CBR）十分便捷，Qantas、Virgin Blue等航空公司均提供往返两个城市的航班。从悉尼乘坐飞机前往堪培拉大约需要1个小时，约需155澳元。

堪培拉国际机场信息	
地址	Canberra ACT 2609
电话	02-62752222
网址/二维码	www.canberraairport.com.au

机场至市区交通			
交通方式	介绍	票价	省钱攻略
机场快速大巴（Airport Express Shuttle Bus）	在市区的Blamey Square Russell、堪培拉国家会议中心、国际青年旅舍、West Row停靠，全程约25分钟	单程12澳元，往返20澳元	可提前在www.royalecoach.com.au上预订，或者拨打130036889预订
出租车	从机场乘出租车到市区约需10分钟	价格为15～20澳元，还需另外支付2澳元机场附加费	—

乘火车

悉尼中央火车站（Sydney Central Station）往返堪培拉火车站（Railway Station Kingston）的火车主要由CountryLink铁路公司运行，用时约4小时，约需40澳元。

悉尼中央火车站信息	
地址	Eddy Avenue,Haymarket,Sydney
电话	131-450（中文）
交通	从唐人街步行可到
相关介绍	1～10站台是CountryLink的列车月台，州际列车和城际列车等中长途列车均从这里出发，因而需从这里乘车前往堪培拉

堪培拉火车站信息	
地址	堪培拉伯利格里芬湖南边的京斯顿（Kingston）
电话	13-2232
交通	从City Bus Station乘坐80或980路巴士前往

乘长途巴士

悉尼长途巴士站（Sydney Coach Terminal）和堪培拉长途巴士站（Canberra Coach Terminal）每天都有长途巴士往来于悉尼与堪培拉

之间。灰狗巴士公司（www.greyhound.com.au）提供多趟长途巴士路线，从悉尼到堪培拉约需4小时，费用约37澳元；Murrays Coache公司（www.murrays.com.au）提供快速长途巴士线路，用时约3.5小时，费用约41澳元。

悉尼长途巴士站信息

地址	Eddy Ave.,Haymarket,Sydney
电话	02-92819366
交通	从中央车站北出口出站可到
网址	sydneycoachterminal.com.au
相关介绍	悉尼往返堪培拉的长途巴士每小时一般，提前订票会有优惠

堪培拉长途巴士站信息

地址	Jolimont Centre,Northboure Ave.,Canberra
交通	乘坐巴士到City Bus Stn Plt 7站下可到

堪培拉亮点速览

景 伯利格里芬湖

伯利格里芬湖（Lake Burley Griffin）是一个美丽的人工湖，碧波荡漾，景色十分优美，是游泳、驾驶帆船以及垂钓的好去处。湖中有为纪念库克船长而建的喷泉，宏伟的白色水柱直冲云霄，极为壮观。

旅游资讯

🏠 Downtown Canberra
📍 乘坐34路巴士可到

景 澳大利亚国家美术馆

澳大利亚国家美术馆（National Gallery of Australia）是一座大型的展览馆，收藏有超过10万件展品。馆内还有一个雕塑花园，里面展示有大量绘画、摄影、陶器等艺术作品。在美术馆参观，除了导游带领团队游外，周四及周日11:00还可以参加以原住民艺术和托雷斯海峡岛民艺术为主题的的团队游。

旅游资讯

🏠 Parkes Place,Parkes,Canberra
📞 02-62406502
📍 乘坐2、3、80等路巴士可到
🕐 10:00~17:00
💲 免费，部分特别展览收费
📶 www.nga.gov.au

景 澳大利亚国家博物馆

澳大利亚国家博物馆（National Museum of Australia）综合运用各个展馆，全面简洁地展示了澳大利亚自建国以来各时期澳大利亚重要的人和事，是了解澳大利亚历史的好去处。博物馆还拥有一个极富创意的外观，其建筑外形与设计会让你眼前一亮。

旅游资讯

- 🏠 Lawson Crescent,Acton Peninsula, Canberra
- 📞 02-62085000
- 📍 从City Bus Station乘坐7路巴士可到
- 🕐 9:00～17:00
- 💲 免费，部分特别展览收费
- 📶 www.nma.gov.au

景 议会大厦

议会大厦（Parliament House）建在国会山顶上，使用上等的砖石和优质的木材建成，象征着其独一无二的权威性。议会大厦深刻反映了澳大利亚独特的历史与多元化文化，以及国家的发展和对未来的抱负。大厦每天9:30、11:00、13:00、14:00、15:30（圣诞节除外）会提供免费导游服务，可让游客更进一步了解它的奥秘。

旅游资讯

- 🏠 Parliament House,Capital Hill,Canberra
- 📞 02-62775399
- 📍 从City Station乘坐1路巴士（周一至周五）或934路巴士（周末）可到
- 🕐 9:00～17:00，圣诞节不开放
- 💲 免费
- 📶 www.aph.gov.au

景 国家科技馆

国家科技馆（Questacon-The National Science & Technology Center）是学习科普知识的好地方，在180项展示中，可以探索各种奇趣的科普知识，还可亲自手动操作来感受神奇的科技。

旅游资讯

- 🏠 King Edward Tce,Parkes,Canberra
- 📞 02-62702800
- 📍 乘2、3、94、935等路巴士可到
- 🕐 9:00～17:00，12月25日关闭
- 💲 成人23澳元，4～16岁未成年人17.5澳元，4岁以下儿童免费
- 📶 www.questacon.edu.au

景 国家动物园和水族馆

国家动物园和水族馆（National Zoo & Aquarium）拥有形形色色的动物，还建有一个观光隧道（Riverland Tunnel），在隧道中可观赏丰富多彩的鱼类。此外，在野生动物保护区内，可以看到树熊、袋鼠、小企鹅等可爱的小动物。

旅游资讯

- 🏠 999,Lady Denman Dr.,Canberra
- 📞 02-62878400
- 📍 从堪培拉City Station乘坐81路巴士可到，约13分钟
- 🕐 9:30～17:00
- 💲 成人40澳元，4～15岁未成年人23澳元，4岁以下儿童免费
- 📶 www.nationalzoo.com.au

景 国家图书馆

国家图书馆（National Library of Australia）是世界著名的图书馆，在馆中，你可以通过检索系统迅速找到任何你想要的各种资料。图书馆有导游带领参观，周一至周五11:15～14:15有专人解说。

旅游资讯

- 🏠 Parkes Pl.,Parkes,Canberra
- 📞 02-62621111
- 📍 乘2、3、94、934、935等路巴士可到
- 🕐 周一至周四10:00～20:00，周五、周六10:00～17:00，周日13:30～17:00，圣诞节闭馆
- 📶 www.nla.gov.au

景 澳大利亚战争纪念馆

澳大利亚战争纪念馆（Australia War Memorial）内有"一战""二战"及韩战中牺牲的维多利亚州士兵灵位，是世界上最好的祭坛之一。在每年4月25日的澳新军团日及11月11日的澳大利亚战争纪念日，人们会聚集到这里悼念战争中英勇献身的广大将士。

旅游资讯

- 🏠 Treloar Crs,Cammpbell,Canberra
- 📞 02-62434211
- 📍 从City Station乘坐10路巴士可到
- 🕐 10:00～17:00，圣诞节关闭；每天有免费讲解，具体时间可参考官网
- 📶 www.awm.gov.au

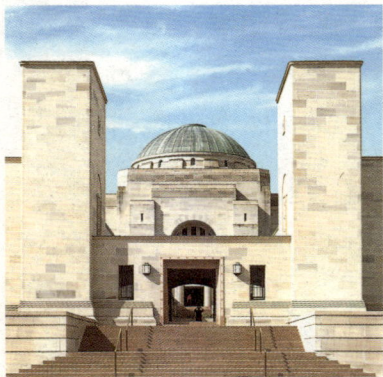

景 国家电影和声音档案馆

国家电影和声音档案馆（National Film and Sound Archive）是国际公认的音像保存中心，收藏有澳大利亚丰富的音像遗产。

旅游资讯

- 🏠 1 McCoy Circuit,Canberra
- 📞 02-62482000
- 📍 从City Station乘坐3、7路巴士可到
- 🕐 周一至周五9:00～17:00
- 📶 nfsa.gov.au

景 澳大利亚电讯塔

澳大利亚电讯塔（Telstra Tower）因坐落于黑山之上而又被称为黑山塔，是堪培拉的知名地标。电讯塔是堪培拉地区的制高点，登临塔上，可306°饱览堪培拉的美景。电讯塔的一楼入口处有个大型展览厅，里面有录像带，向游客介绍关于电讯塔的各类信息。

- 🏠 100 Black Mountain Dr.,Canberra
- 📞 02-62488846
- 📍 从City Station乘坐81路巴士（周一至周五）或981路巴士（周末）可到
- 🕐 观景平台9:00～22:00
- 💲 成人7.5澳元，4～16岁未成年人3澳元，4岁以下儿童免费
- 📶 www.telstratower.com.au

景 卡金顿小人国公园

卡金顿小人国公园（Cockington Green Gardens）中美丽的花园和新奇的植物等都是微缩的，幽美的环境及特色的装扮，使这里成为了堪培拉著名的旅游景点。你可乘坐有趣的小火车，绕着公园转一圈。

旅游资讯

- 🏠 11 Gold Creek Road,Nicholls
- 📞 02-62302273
- 📍 从City Station乘坐343路巴士至Westfield Bus Station换乘52路巴士可到
- 🕐 9:30~17:00,圣诞节和节礼日关闭
- 💲 成人19.5澳元,老年人14.5澳元,4~16 岁未成年人11.5澳元
- 📶 www.cockingtongreen.com.au

景 特宾比拉自然保护区

特宾比拉自然保护区（Tidbin billa Nature Reserve）郁郁葱葱的植物中，生活着很多著名的小动物，如红颈小袋鼠、大冠鹦鹉、鸸鹋等。此外，因为这里有原住民及欧洲人曾经生活过的痕迹，所以对原住民文化来说意义非凡。

旅游资讯

- 🏠 Tidbinbilla Ring Rd.,Paddys River
- 📞 02-62051233

景 纳玛吉国家公园

纳玛吉国家公园（Namadgi National Park）内提供丰富多彩的野外活动，比如攀爬、越野滑雪、跳伞、溪降等。同时，这里还是探索原住民生活的好去处。此外，在这里观赏野生动植物也很不错，在跑马溪小屋徒步路径（Naas Valley to Horse Gully Hut Walking Track）上行走，可看到一棵巨树，有众多鸟儿在上面建窝筑巢。

旅游资讯

- 🏠 Naas Road,Tharwa
- 📞 02-62072900

娱 堪培拉热气球节

　　每年3月，澳大利亚会举行为期9天的堪培拉热气球节（Canberra Balloon Festival）。节日期间，每天早上，在旧议会大厦（Old Parliament House）前的草坪上会看到五颜六色的热气球徐徐上升，景象十分壮观。

购 格尔门屋集市

　　格尔门屋集市（Gorman House Markets）主要出售新鲜的农产品、乡村工艺品、小饰品等。此外，古董珍品、二手书、珠宝首饰和各类美食也可以在这里找到。

旅游资讯

- 55 Ainslie Avenue,Braddon,Canberra
- 02-48422332
- 周六10:00～16:00
- www.gormanhouse.com.au

购 旧公车站集市

　　旧公车站集市（Old Bus Depot Markets）有200多个摊位，主要出售手工制作的珠宝首饰、艺术品，以及家居用品、服装、家具、玩具等，还有本地土特产和葡萄酒。

旅游资讯

- 21 Wentworth Avenue,Kingston
- 02-62953331
- 周日10:00～16:00
- www.obdm.com.au

购 首都地区农夫市场

　　首都地区农夫市场（Capital Regional Farmers Market）出售各种水果、蔬菜、鲜花、海鲜、肉类，以及一些有特色的面包、咖啡、巧克力、蛋糕、蜂蜜等。

旅游资讯

- Exhibition Park,Canberra
- 周六7:30～11:30
- capitalregionfarmersmarket.com.au

悉尼 → 蓝山

来回交通

在悉尼中央火车站12、13号月台乘坐悉尼城铁蓝山线（Blue Mountains Line），约2小时即可到达蓝山小镇卡巴通（Katoomba）。持有Opal卡非高峰时段5.81澳元，高峰时段8.3澳元（Opal卡相关信息可参使用悉尼公交一卡通相关的内容，见P145）。

蓝山亮点速览

景 蓝山国家公园

蓝山国家公园（Blue Mountains National Park）因一道道山脉笼罩在蓝色氤氲之中而得名，园内生长着众多原始丛林和亚热带雨林，其中以澳大利亚国树桉树最为知名，这是无尾熊唯一的食物。在公园内漫步，闻着桉树的清香，会有一种置身世外桃源般的感觉。

旅游资讯

🏠 New South Wales 2570

📍 从卡通巴转乘蓝山无轨电车（Blue Mountain Trolley Tours）可到，票价为25澳元

💲 公园内火车+缆车+索道+步行道成人39澳元，4～13岁儿童21澳元，4岁以下儿童免费

🛜 www.bluemts.com.au

景 三姐妹峰

蓝山风景区中最著名的景点当数三姐妹峰（Three Sisters）了，这是由3个岩石山峰组成的奇景，得名于一个原住民传说，其丹崖脱颖而出，在蓝天的映照下，别有另一番风味。

旅游资讯

🏠 Echo Point,Katoomba
📍 从蓝山国家公园南边的Great Western Highway出发可到
$ 免费

景 回音角

回音角（Echo Point）是眺望蓝山美景的好去处，在上面可将绝佳景致尽收眼底。你可到游客中心中了解一下关于蓝山的旅游信息，也可到纪念品商店购买蓝山地图。

旅游资讯

🏠 杰米逊谷边缘的崖壁上
$ 免费；停车场9:00～17:00，1小时内3.8澳元，1小时以后4.4澳元/小时

景 温特伍斯瀑布

温特伍斯瀑布（Wentworth Falls）是一个三层式瀑布，季节不同会有不同的景观。这里适合徒步观景，还可参加徒步旅行团到瀑布区域徒步。

旅游资讯

🏠 杰米逊谷（Jamison Valley）边缘
$ 免费

悉尼 → 猎人谷

来回交通

　　由于猎人谷范围较大，建议报团或者自驾前往。如果选择自驾，可在出悉尼后沿M1太平洋公路（Pacific Mwy）行驶，然后左转B82号路Freemans Dr.，最后到达猎人谷游客服务中心，全程约170公里，用时约2小时10分钟。

　　如果你不怕换乘的麻烦，还可选择乘坐巴士前往，从悉尼中央车站乘坐Rover Coaches巴士约需3小时到猎人谷公园（Hunter Valley Gardens）。

猎人谷亮点速览

景 猎人谷

　　猎人谷（Hunter Valley）是澳大利亚著名的旅游胜地。未到猎人谷，便会嗅到浓浓的葡萄酒香，伴随着香气又有一幅幅美景映入眼帘。这里的葡萄酒产量不多，不过那高品质与好口碑却是毋庸置疑的。此外，这个美丽的葡萄酒故乡，更有许多迷人的港口，为其锦上添花。去猎人谷品酒是最重要的，较为著名的葡萄酒庄有Bimbadgen Eastate Wines（02-49984650，10:00～17:00）、Rosemount Estate（02-49986670，10:00～17:00）、McGuigan Cellars（02-49987400，9:30～17:00）、Arrowfield Estate（02-65764041，10:00～17:00）。

旅游资讯

🏠 2090 Broke Rd.,Sydney
📞 02-49984000
📍 乘坐从悉尼往返猎人谷一日游巴士，在Cressnock、猎人谷酒乡旅游局游客服务中心或猎人谷花园下车可到
🕐 9:00～17:00
📶 www.huntervalleygardens.com.au

景 猎人谷花园

猎人谷花园（Hunter Valley Gardens）是一个大规模的国际展览花园，共分为10个主题园区。你可到童话书花园邂逅童话人物，也可沉醉在玫瑰园的馥郁香气之中，抑或是到意大利石窟中感受浪漫氛围，都会收获很多快乐。

圣诞灯饰秀

每年11月初至次年1月末（圣诞当天不开放），猎人谷花园会举办壮观的圣诞灯饰秀，此时将有无数灯光照亮整个花园，还有各种新奇的展示活动开展。

花园购物村

花园购物村有很多店铺、餐厅和绿地，还有阿卡高尔夫湖（Aqua golf lake）。在这里，可买到蜡烛、书籍、圣诞饰品、时尚物品以及艺术品等，同时还可品尝巧克力、手工利口酒、英式棒棒糖、酒窖美酒等。

旅游资讯

- 🏠 2090 Broke Rd.,Pokolbin
- 📞 02-49984000
- 💲 16岁及以上30澳元，4～15岁24澳元，3岁及以下免费
- 🕐 9:00～17:00，圣诞节灯光秀期间 9:00～16:00、18:30～22:00
- 📶 www.huntervalleygardens.com.au

景 猎人谷葡萄酒学校

猎人谷葡萄酒学校每天在葡萄酒酒窖举办2小时的品酒课程，从中可学习葡萄酒历史以及口味等相关知识，还可了解葡萄酒从葡萄种植到装瓶的整个过程。

旅游资讯

- 🏠 Hunter Valley Resort, Corner Hermitage Road and Mistletoe Lane,Pokolbin
- 📞 02-49987777
- 📶 www.hunterresort.com.au

娱 猎人谷热气球

猎人谷不仅仅是高品质的葡萄酒产出地，更是开启热气球之旅的完美去处。乘坐热气球在日出时分出发，伴随着热气球慢慢在天空升起，可以欣赏葡萄园、森林和农庄风光。在完成旅程后，还会得到一张飞行之旅参与证书。更多相关信息可参考Balloon Aloft热气球公司官网（www.balloonaloft.com，1300-723279）。

悉尼 → 拜伦湾

来回交通

乘飞机

拜伦湾（Byron Bay）虽然位于新南威尔士州，但距离同属该州的悉尼约800公里，相对而言，距离昆士兰州的黄金海岸要近很多，只有90多公里。从悉尼前往拜伦湾最便捷的方式是乘坐飞机，而前往拜伦湾最便捷的机场为黄金海岸机场（Gold Coast Airport,OOL）。此外，从黄金海岸冲浪者天堂乘坐灰狗巴士也可到达拜伦湾，约需2小时，票价为24澳元。

黄金海岸机场信息	
地址	Eastern Ave.,Bilinga
电话	07-55891100
网址	www.goldcoastairport.com.au
前往市区交通	乘坐700路巴士可到黄金海岸的美人鱼海滩、布罗德海滩等地；乘坐出租车到冲浪者天堂约需50澳元

拜伦湾亮点速览

景 拜伦湾

　　拜伦湾（Byron Bay）拥有优美壮观的自然美景，是受冲浪爱好者、艺术家、背包客、游客青睐的旅游地。这里保持着幽雅的小镇风情，在这里可以进行冲浪、潜水、跳伞、皮划艇等海上活动。

旅游资讯

🏠　新南威尔士州东北角的海湾处

景 拜伦角和灯塔

　　拜伦角（Cape Byron）位于拜伦湾东部3公里处，是公认的澳大利亚最东点。拜伦角上有澳大利亚最大的灯塔，在灯塔上看日出是来到拜伦湾必做的事情之一。在海边漫步，还有机会看到海豚。

旅游资讯

🏠　Lighthouse Road,Byron Bay
📞　02-66209300

景 主海滩

　　主海滩（Main Beach）是澳大利亚最受欢迎的冲浪、游泳胜地之一，也是观赏海滩风光的好去处。值得一提的是，这里夏季会比较拥挤。

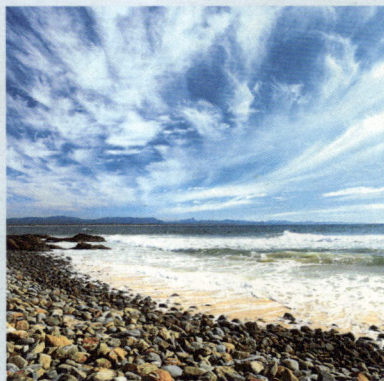

娱 拜伦湾观鲸

　　在5～11月，可在拜伦湾观赏到南露脊鲸沿海岸迁徙的壮观场景，还可在海水里找到海龟与海豚。

悉尼 → 中央海岸

来回交通

乘火车

从悉尼中央火车站乘坐城铁Central Coast and Newcastle Line到达Gosford站下，然后换乘巴士可到中央海岸各个区域。到达Gosford站用时约1.5小时，持有Opal卡约需花费8.3澳元。

乘渡轮

从悉尼棕榈海滩（Palm Beach）可乘坐渡轮前往中央海岸的Ettalong Beach，成人单程票11.3澳元，往返票22.6澳元。具体信息可参考Palm Beach Ferries官网：www.palmbeachferries.com.au。

中央海岸亮点速览

景 **中央海岸**

中央海岸（Central Coast）拥有美丽的海岸风光，是探索澳大利亚冲浪文化的好去处。在这里可进行冲浪、钓鱼、乘帆船等精彩的水上运动。每天15:30，会有成百上千的鹈鹕来到恩瑞斯镇（The Entrance）河边的鹈鹕广场觅食，此时你可以为这些海鸟喂食，也可以在当地动物园观赏澳大利亚本土动物。

旅游资讯

🏠 悉尼北部约75公里

📶 www.visitcentralcoast.com.au

景 **澳大利亚爬行动物公园**

澳大利亚爬行动物公园（Australian Reptile Park）内拥有种类繁多的爬行动物，如短吻鳄、蟒蛇、乌龟等，还可以在蜘蛛世界主题馆中看到形态各异的蜘蛛。此外，园内还设有很多可与动物互动的环节，同时还可观看精彩的野生动物表演。值得一提的是，公园内还有野餐区域，可在那里尽情享用免费的烧烤。

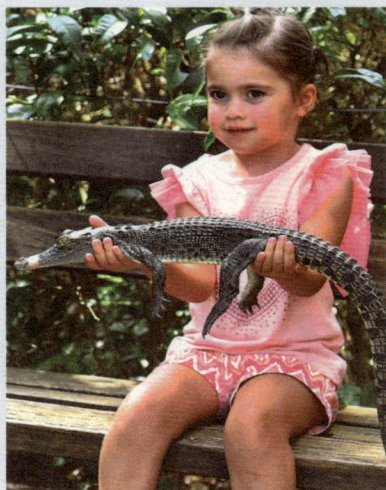

旅游资讯

🏠 Pacific Highway,Somersby

📞 02-43401022

📍 从Gosford站下换乘32路巴士可到

🕐 9:00～17:00

💲 16岁以上34澳元，3～15岁18澳元，3岁以下免费

📶 www.reptilepark.com.au

悉尼 → 豪勋爵岛

来回交通

澳航（Qantas）每天都有航班往返悉尼国际机场和豪勋爵岛机场，约需2小时，费用约700澳元。

豪勋爵岛亮点速览

景 豪勋爵岛

无与伦比的自然美景、令人惊叹的地质奇观，以及为数众多的鸟类、植物和海洋生物使豪勋爵岛（Lord Howe Island）拥有着"天堂"的美誉。为了保证该岛质朴纯净的环境，这里限制游客数量，并且禁止通行机动车。在这里，可以骑自行车观景，也可以进行水肺潜水、浮潜、冲浪等运动。

喂鱼

耐德海滩（Ned's Beach）是喂鱼的好去处。

观鸟

该岛拥有不计其数的稀有鸟类，如不会飞的秧鸡、色彩鲜艳的红尾热带鸟，以及不怕人的大群海鸟等。

探索山峰美景

岛上拥有火山山峰高尔山（Mt Gower）和里奇伯德山（Mt Lidgbird），可跟随导游徒步游览高尔山，途中可以前往过渡山（Transit Hill）俯瞰全岛美景，也可前往备受青睐的布林齐海滩（Blinky Beach）赏景。

旅游资讯

🏠 悉尼东北部780公里处
📶 www.lordhoweisland.info

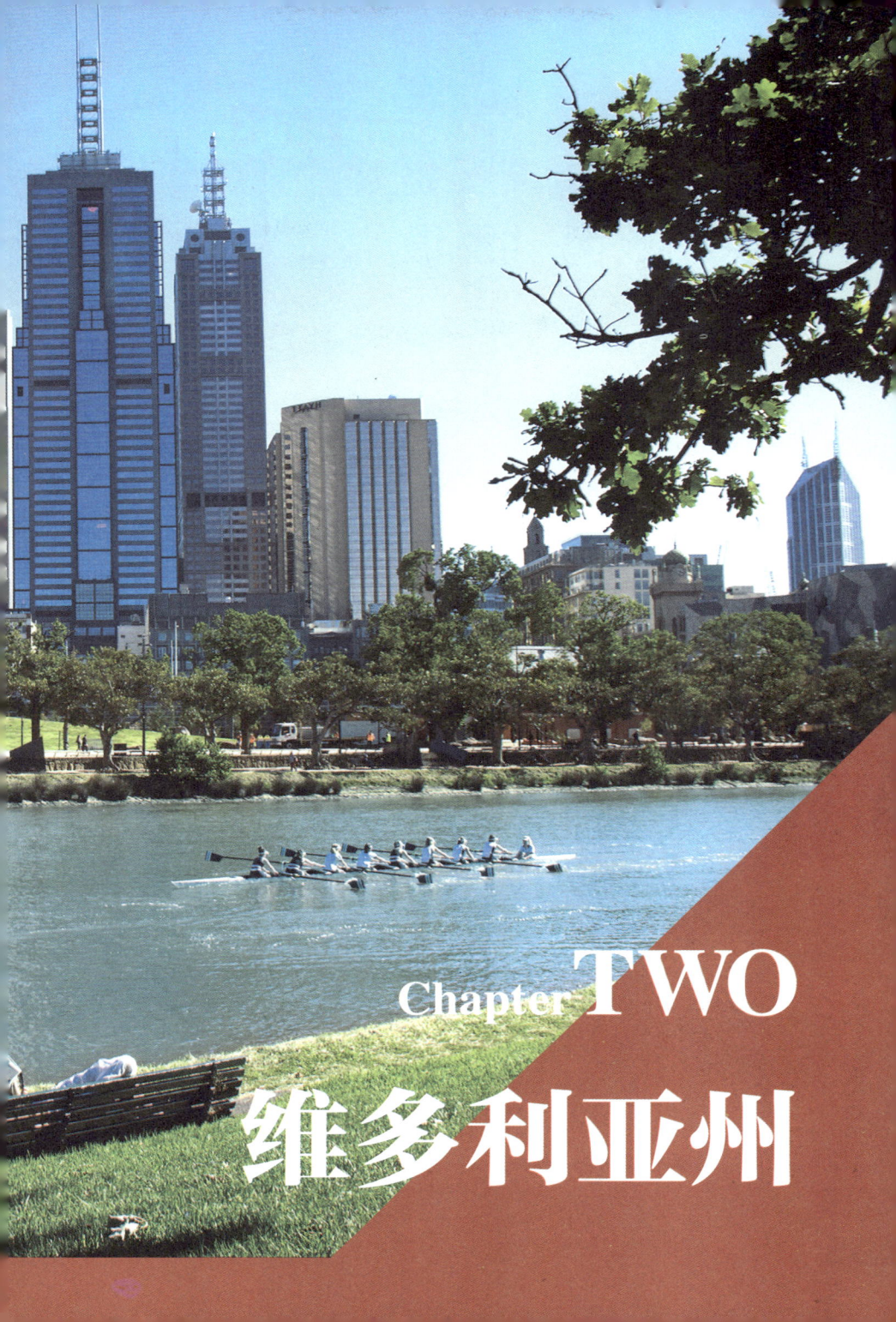

Chapter TWO

维多利亚州

墨尔本

墨尔本最优出行方案速查

机场到市区

墨尔本国际机场（Melbourne International Airport,MEL）距离市中心22公里。

墨尔本国际机场信息	
地址	Departure Dr.,Melbourne
电话	03-92971600
网址/二维码	melbourneairport.com.au

机场至市区交通			
交通方式	介绍	票价	省钱攻略
出租车	墨尔本机场一层、T1/T2/T3航站楼外面均有出租车	从机场打车到商业中心区（CBD）车费为80~85澳元	从酒店打车到机场最好提前预订，不会收取预订费用

交通方式	介绍	票价	省钱攻略
机场巴士（Skybus）	从T2（国际航站楼）步行约3分钟可到达T1/T3（国内航站楼），在T1/T3到达大厅门口乘坐。每隔10分钟发一班车，凌晨15～30分钟发一班车	成人单程19澳元，往返38澳元；4～14未成年人单程9澳元，返程18澳元；家庭票：2名成人+4名儿童单程38澳元，往返76澳元	购买家庭票最高可优惠24%；如果接下来的行程是从墨尔本飞往其他地方，建议购买往返票

乘坐免费的电车

有轨电车（Tram）是墨尔本的一大特色，其网络四通八达。更为重要的是，墨尔本CBD区乘坐有轨电车免费，超出免费区域的地方需要使用墨尔本一卡通Myki卡。不过，即使是收费区域票价也比较便宜。有关墨尔本有轨电车免费乘坐区域的相关信息可参考以下PDF。

ptv.vic.gov.au/assets/Images/maps/
PTVH1203_FTZ_Web_tile.pdf

使用Myki卡

墨尔本市内主要有有轨电车（Tram）、火车（Train）、巴士（Bus）3种交通工具，Myki卡为当地的一卡通，适用于以上3种交通工具，上下车刷卡扣费。要注意，在CBD免费有轨电车区域乘坐电车，不用刷Myki卡。

可在火车站售票窗口、7-11之类的便利店、Myki专卖店和外销的零售店购买该卡。卖卡的地方通常会标示有蓝黄色的Myki，很好找。此外，卖卡的地方也能充值。

Myki卡分好几种类别，游客最常用的是全票卡。Myki卡价格为6澳元，充值才能使用，不能退换。

Myki卡按时间和区域来计价，比如在1区和2区（Zone 1+2）2小时内，不管坐几趟车，均需花费3.9澳元，超过2小时，需花费7.8澳元；在2区（Zone 2）2小时内2.7澳元，超过2小时5.4澳元。7日票1区和2区（Zone 1+2）39澳元，2区

ptv.vic.gov.au/tickets/
metropolitan-myki-fares

（Zone 2）27澳元。如果是周末出行全天均为6澳元，很划算。票价会有所浮动，具体信息可参考官网www.ptv.vic.gov.au/tickets/mgki。

墨尔本玩点速览+线路推荐

玩点速览

联邦广场

联邦广场（Federation Square）位于亚拉河（Yarra River）北边，是墨尔本最具标志性的建筑，其不规则的造型，使之与周围的建筑形成了鲜明的对比，突显了它独一无二的显著地位。这里常年有文艺演出和街头表演，是休闲观光的好去处。此外，这里每年12月第一个周末还会举行陶艺展。

伊恩波特中心

伊恩波特中心（The Ian Potter Centre）拥有世界上最多的澳大利亚本土固定展品，还经常举办各种专题展览和活动。

澳大利亚活动影像中心

在澳大利亚活动影像中心（Australian Centre for the Moving Image）之中，可沉浸在电影、电视和数码文化的世界中，还可免费观赏各项展览。另外，这里还有专门为老人、儿童，以及非主流经典电影爱好者设计的各种项目和活动。

旅游资讯

🏠 Flinders Street & Swanston Street,Melbourne
📞 03-96551900
📍 乘坐火车在弗林德斯大街火车站（Flinders Street Station）下车，或者乘坐35号免费环城电车（City Circle Tram No.35）可到
🕐 伊恩波特中心周二至周日10:00～17:00，澳大利亚活动影像中心9:00～18:00
💲 免费
🛜 www.fedsquare.com

TIPS 联邦广场覆盖免费Wi-Fi；在墨尔本游客中心外面的旗帜处，周一至周六11:00提供免费英文导览观光游，每次15人，约需50分钟。

维多利亚艺术中心

维多利亚艺术中心（Victoria Arts Center）是一座气势恢宏的艺术表演地，也是墨尔本市文化活动交流的焦点，很多大型音乐会、戏剧和舞蹈都会在这里进行首演。艺术中心的尖塔，已成为墨尔本的标志性建筑。

旅游资讯

- 🏠 100 St Kilda Rd.,Melbourne
- 📞 03-92818000
- 📍 乘坐1、3、3a、5、6、8、16等路有轨电车在Arts Center下可到
- 🕐 周一至周六9:00~20:30，周日10:00~17:00
- 💲 免费
- 📶 www.artscentremelbourne.com.au

维多利亚国家美术馆

维多利亚国家美术馆（National Gallery of Victoria）是一个很受市民欢迎的美术馆，艺术气息浓厚。用玻璃镜制成屏墙是这里的一大亮点，有清水沿玻璃镜倾泻而下，仿佛瀑布般美丽。美术馆在联邦广场上新建了伊恩波特中心（The Ian Potter Centre）。

旅游资讯

- 🏠 180 St Kilda Rd.,Melbourne
- 📞 03-86202222
- 📍 在弗林德斯大街火车站下车后，经过维多利亚州艺术中心可到
- 🕐 10:00~17:00
- 💲 免费
- 📶 www.ngv.vic.gov.au

菲茨罗伊花园

菲茨罗伊花园（Fitzroy Gardens）位于亚拉公园北边，是市中心与东墨尔本区的分界线，建成至今已有150余年历史。此外，公园因景色美丽而成为了许多新人的婚礼举办地。园内除了有葱郁的绿色植物以及温室外，还有著名的库克船长小屋。

库克船长小屋

库克船长小屋（Cooks' Cottage）是了解詹姆斯•库克船长（Captain James Cook）一生及其航海经历的好去处。在历史悠久的小屋中，可感受18世纪的生活风

貌。不要忘了买件关于库克船长的纪念品，或者邮寄带有库克小屋专属邮票的明信片回家。

旅游资讯

- 🏠 230-298 Wellington Parade,Melbourne
- 📞 03-94194118
- 📍 乘坐48、71、75路有轨电车到Jolimont Rd/Wellington Pde下可到
- 🕐 库克船长小屋9:00～17:00，圣诞节关闭
- 💲 库克船长小屋6.5澳元
- 📶 www.fitzroygardens.comu

皇家植物园

皇家植物园（Royal Botanic Gardens）是澳大利亚最好的植物园之一，汇集了澳大利亚及世界上1万多种奇花异草，还保留了很多古老的建筑。植物园的一大亮点是许多历史名人在这里曾经亲手种下的纪念树。在进植物园大门的时候可领取一本免费的小册子，里边有关于植物园的相关介绍。

旅游资讯

- 🏠 Birdwood Avenue,Melbourne
- 📞 03-92522300
- 📍 乘坐3、8、16、64、67、72路有轨电车到Domain Junction下车，走过战争纪念馆（Shrine of Remembrance）可到
- 🕐 10月7:00～19:30，11月至次年2月7:00～20:00，3月7:00～18:30，4月、9月7:00～18:00，5月、8月7:00～17:30，6月、7月7:00～17:00
- 💲 免费
- 📶 www.rbg.vic.gov.au

墨尔本动物园

墨尔本动物园（Melbourne Zoo）是澳大利亚历史最为悠久的动物园，同时也是世界上最古老的动物园之一。园内有多种澳大利亚本土珍贵物种，及很多来自世界各地的珍禽异兽。为了让动物们拥有一个良好的生存环境，几乎每个场馆都设计成相应动物的原生环境。动物园中还有一处中国式花园，栽培有竹子、玫瑰、兰花和牡丹等花草，可以去看看。此外，每年夏季，动物园还会举办星光音乐会（Twilight Music Concerts）。

旅游资讯

- Elliott Avenue,Parkville,Melbourne
- 03-92859300
- 乘坐55路有轨电车在墨尔本动物园站下可到
- 9:00～17:00
- $ 16岁及以上31.6澳元，4～15岁15.8澳元（周末及公共假期免费），3岁及以下免费
- www.zoo.org.au/melbourne

墨尔本水族馆

　　墨尔本水族馆（Melbourne Aquarium）位于有"南半球的泰晤士河"之称的亚拉河畔，是澳大利亚最受欢迎的水族馆之一。整座水族馆就像是一座停泊在河流上的大船，在宽敞的展示空间内，你可以近距离地观看各种澳大利亚特有的海洋生物，还可以在水中探秘海底世界，甚至可以亲手触摸一些海洋动物。

旅游资讯

- King Street and Flinders Street,Melbourn
- 03-99235999
- 乘坐35、70、71、75等路有轨电车到墨尔本水族馆站下即可

- 9:30～18:00
- $ 成人31.5澳元，儿童18澳元，家庭79澳元
- www.melbourneaquarium.com.au

尤利卡88层观景台

　　尤利卡88层观景台（Eureka Skydeck 88）位于尤利卡大厦（Eureka Tower）上，你可乘坐电梯快速到达观景台，在那里欣赏墨尔本市景。此外，还可以探索互动体验——"Serendipity"，跟随地板上的LED和墙上的方位指示，将其与墨尔本的景观对应起来，十分有趣。

旅游资讯

🏠 7 Riverside Quay,Southbank Melbourne
📞 03-96938888
📍 从弗林德斯大街火车站沿Sandridge Bridge过河步行5分钟可到
🕐 10:00~22:00（21:30停止入场），圣诞节与新年10:00~17:30（17:00停止入场）
💲 观景台成人19.5澳元，4~16岁未成年人11澳元；悬崖箱成人12澳元，4~16岁8澳元
📶 www.eurekaskydeck.com.au

卡尔顿花园

卡尔顿花园（Carlton Garden）环绕在卡尔顿园林和皇家展览馆周边，被列入世界文化遗产名录。园中有多种澳大利亚特有的植物以及从他国引进的树木，还有宽敞的林荫道以及清澈无比的池水，是非常受欢迎的野餐地和烧烤地。墨尔本博物馆和墨尔本IMAX立体电影院位于卡顿公园北面。

皇家展览馆

皇家展览馆（Royal Exhibition Builing）的建筑融合了意大利文艺复兴时期的各大元素，其中最具标志性的设计，灵感是来自于佛罗伦萨圣母百花大教堂的圆形屋顶，这种独特的设计已成为一种经典。2004年，皇家展览馆与周围的卡尔顿花园一起被评为世界文化遗产。可参加带导游参观的旅程，相关信息可拨打131102咨询。

墨尔本博物馆

墨尔本博物馆（Melbourne Museum）没有皇家展览馆的古典风格，而多了一种创新型的现代美感，是了解墨尔本的好地方。这个南半球最大且最具创新精神的博物馆，已经历了100多年的历史沧桑，拥有很多展品，从澳大利亚的原住民与移民的人文文化，到维多利亚州的雨林，会让人有种在古今的墨尔本流连的奇妙感觉。

墨尔本IMAX立体电影院

墨尔本IMAX立体电影院（IMAX Melbourne Museum）拥有世界第三大银幕，可让人感受最震撼、最生动的观影体验。关于影讯和放映时间，可登录官网（www.imaxmelbourne.com.au）查询。

旅游资讯

- 1-111 Carlton St.,Carlton,Melbourn
- 乘坐86、95、96路有轨电车在Gertrude St/Nicholson St站下，或24、30、35路有轨电车在Victoria Parade/Nicholson St站下可到
- 皇家展览馆带导游参观14:00；墨尔本博物馆10:00～17:00，受难节和圣诞节关闭
- $ 皇家展览馆带导游参观8澳元，墨尔本博物馆14澳元
- museumvictoria.com.au

墨尔本公园

从1988年起，墨尔本公园（Melbourne Park）就成为了澳大利亚网球公开赛的主办地，并于每年的1～2月之间举行一年一度的网球大满贯比赛。同时，这里还是墨尔本老虎棒球队的主场。

旅游资讯

- Batman Ave.,Melbourne
- 03-92861600
- 乘坐70路有轨电车到Rod Laver Arena/墨尔本公园站下可到
- www.mopt.com.au

圣巴特利爵主教堂

圣巴特利爵主教堂（St Patricks Cathedral）为哥特复兴式风格，是澳大利亚最高的教堂。教堂内有精致的彩绘花窗玻璃、巧夺天工的木雕及石匠工艺。

旅游资讯

- 1 Cathedral Place,East Melbourne
- 03-96622233
- 从唐人街东端步行5分钟可到
- 周一至周五9:00～17:00
- $ 免费
- www.cam.org.au/cathedral

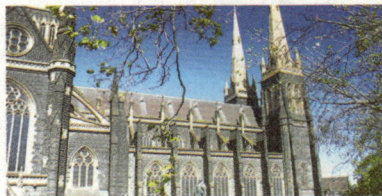

皇家拱廊和布洛克拱廊

皇家拱廊（Royal Arcade）是墨尔本历史最悠久的拱廊，内有一条呈T字形的室内街道。与皇家拱廊相对应的布洛克拱廊（Block Arcade）也是一座在当地享有盛名的建筑，是目前保存比较完好的19世纪购物长廊。

旅游资讯

- 皇家拱廊335 Bourke Street Mall,Melbourne；布洛克拱廊282 Collins Street Melbourne

- 乘坐59、86、96等路有轨电车到Bourke St/Elizabeth St下可到
- 皇家拱廊周一至周四9:00～18:00，周五10:00～20:00，周六9:00～17:00，周日10:00～17:00；布洛克拱廊周一至周四8:00～18:00，周五8:00～20:00，周六8:00～17:00，周日9:00～17:00
- 皇家拱廊www.royalarcade.com.au；布洛克拱廊www.theblockarcade.com.au

旧墨尔本监狱

旧墨尔本监狱（Old Melbourne Gaol）建于1841年，是现存的历史最为悠久的维多利亚时代的监狱，现在已成为了一座博物馆。在狭小的空间内，陈列有多个被绞死于此的犯人的石膏面具。

旅游资讯

- 377 Russell St.,Melbourne
- 03-96637228
- 乘坐24、30、35路有轨电车到La Trobe St.和 Russell St.路口下可到
- 9:30～17:00
- 25澳元
- www.oldmelbournegaol.com.au

圣基尔达海滩

圣基尔达海滩（St Kilda Beach）是墨尔本最著名也是距离市中心最近的海滩，是慢跑、钓鱼、晒日光浴、冲浪、看日出与日落美景的好去处。每当夜幕降临后，海滩深入海湾的栈桥尽头防洪堤坝处，就会出现一些可爱的小企鹅。假如你想拍照的话，可以在17:00之前来此等候，拍照时切记不要用闪光灯拍照，以免对企鹅的眼睛造成伤害。

旅游资讯

- Jacka Boulevard, Melbourne
- 从市中心乘坐96、16路有轨电车可到

线路推荐

DAY 1

联邦广场➡维多利亚艺术中心➡维多利亚国家美术馆➡尤利卡88层观景台

联邦广场 / 有免费Wi-Fi，可上网、聊天、观看表演

经过St Kilda Rd.步行5分钟

维多利亚艺术中心 / 与白色尖塔合影、在附近的草地休息

步行160米

维多利亚国家美术馆 / 免费参观各类展品

经过Southbank Blvd步行1公里

尤利卡88层观景台 / 乘坐电梯直达88层观赏台观赏美景

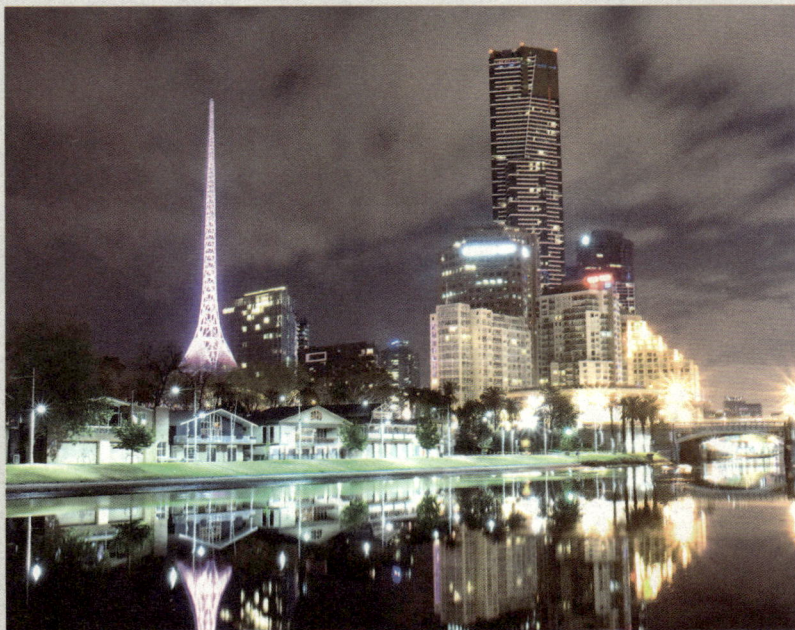

DAY 2

墨尔本水族馆 ➡ 皇家拱廊和布洛克拱廊 ➡ 卡尔顿花园 ➡ 圣巴特利爵主教堂

墨尔本水族馆 / 去看看帝企鹅以及看潜水员亲手给鲨鱼喂食

途经King St.和Bourke St.步行6分钟

皇家拱廊和布洛克拱廊 / 逛逛流行商店和专业商店

乘坐96路有轨电车，约17分钟

卡尔顿花园 / 参观皇家展览馆、墨尔本博物馆

乘坐35路免费环城电车，约10分钟

圣巴特利爵主教堂 / 欣赏巧夺天工的各类雕饰和工艺品

DAY 3

皇家植物园 ➡ 圣基尔达海滩

皇家植物园 / 可以野餐、慢跑者和散步

乘坐16路有轨电车，约30分钟

圣基尔达海滩 / 进行冲浪、帆船运动、沙滩排球等运动

墨尔本高性价比住宿地推荐

墨尔本除了设施齐全、可观赏城市风景的商务酒店和公寓式酒店外，更有众多为背包客或穷游一族准备的住宿地，如青年旅舍、汽车旅馆和背包客宿舍等，还有舒适的民宿、家庭寄宿和寄宿学校等可供选择。

在墨尔本选择住宿地，依然要考虑到交通（花费+便利性）这个因素，如果时间短，行程安排紧凑，推荐入住中央商务区（CBD）以及亚拉河南岸区域。

住宿地推荐

高性价比酒店推荐				
名称	地址	网址	参考价格	亮点
Quest Windsor	111 Punt Road, Melbourne	www. quest apartments. com.au	一卧室公寓112澳元，两卧室公寓166澳元	位于CBD以南4公里处，距离阿尔伯特公园（Albert Park）有5分钟步行路程，提供免费无线网络连接，设有配备完善的厨房和洗衣设备
Mercure Melbourne Albert Park	65 Queens Road,Melbourne	www. mercure. com	标准特大号床间124澳元，湖景标准特大号床房144澳元，顶级特大号床间154澳元	位于阿尔伯特公园（Albert Park）对面，距离圣基尔达海滩约5分钟车程，距离墨尔本机场有20分钟车程；部分员工会说中文

高性价比公寓推荐

名称	地址	网址	参考价格	亮点
City Edge East Melbourne ApartmentHotel	179 Powlett Street, Melbourne	www.cityedge.com.au	一室公寓套房、一卧室公寓、行政公寓177澳元，家庭公寓219澳元，两卧室公寓229澳元	靠近Jolimont Train Station火车站和墨尔本网球中心，提供免费无线网络连接以及设施齐全的厨房
Flinders Landing ApartmentsApartments	161 Flinders Lane, Melbourne	www.flinderslandingapartments.com.au	一卧室公寓171澳元，标准两卧室公寓213澳元，豪华两卧室公寓273澳元	位于CBD中心，距离弗林德斯街（Flinders Street）约100米，提供免费无线网络连接；所有公寓都配有厨房和洗衣设施

高性价比旅馆/旅舍推荐

名称	地址	网址	参考价格	亮点
Urban Central Accommodation	334 City Rd., Melbourne	urbancentral.com.au	双人间107澳元，家庭间120澳元，男女混住宿舍的床位24澳元，带私人浴室的宿舍间内的单人床床位30澳元	距离CBD约10分钟步行路程，提供12小时前台、免费每日早餐和每周餐点，酒吧配有可观看主要体育赛事的大屏幕电视
Elizabeth Hostel	490-494 Elizabeth Street, Melbourne	elizabethhostel.com.au	双床间72澳元，10床间床位24澳元，8床间床位23澳元，6床间床位24澳元，4床间床位25澳元	位于CBD，距离维多利亚女王市场仅有3分钟步行路程，提供机场班车服务

墨尔本百里挑一的经济餐

寻找经济餐的好去处

　　墨尔本南岸（Southbank）和联邦广场周边遍布各类餐馆、咖啡馆、酒吧，同时还可以去卡尔顿区（Carlton）品尝时尚的意大利美食，到里奇蒙区（Richmond）口尝实惠的越南菜，到费兹罗伊区（Fitzroy）品尝独特的西班牙风味，当然，唐人街也不容错过。墨尔本的唐人街比悉尼的唐人街规模还要大些，而且有很多就餐地均集中在唐人街及其附近。周六，还可到维多利亚女王市场挑选水果、蔬菜和海鲜。此外，一年一度的墨尔本美食节更为墨尔本带了无穷无尽的美食。

唐人街中餐馆推荐				
名称	地址	网址	人均消费参考	特色
万寿宫（Flower Drum）	17 Market Ln.,Melbourne	flower drum.melbourne	100澳元	以传统的粤菜而闻名，曾接待过很多国际名人
彩蝶轩（Plume Chinese Restaurant）	546 Doncaster Rd., Melbourne	www.plume.com.au	50澳元	港式茶餐厅，性价比较高，推荐上汤芦笋、醉鸽等美食
食为先（Shark Fin House）	131 Little Bourke St, Melbourne	sharkfin.com.au	50澳元	传统的中国餐厅，食物味道正宗，最好提前预订座位
龙舫饭店（Dragon boat）	203 Little Bourke St, Melbourne	dragon boat.com.au	35澳元	在墨尔本有好几家连锁店，主要为华人餐馆的菜式，但偏西方人的口味

经济餐馆推荐

The Colonial Tramcar Restaurant

在这里，你可拥有在墨尔本古董电车上享用大餐的独特体验。电车餐厅在白天和晚上都运作，晚上更受顾客欢迎，因为晚上可以一边欣赏夜景，一边品尝美食。

旅游资讯

- Tramstop 125/Clarendon St.,South Melbourne
- 03-96964000
- $ 13:00~15:00午餐（4道菜）85澳元，17:45~19:15较早的晚餐（3道菜）82澳元；20:35~23:30较晚的晚餐（5道菜）周日至周四125澳元，周五至周六140澳元
- tramrestaurant.com.au

Blue Train Cafe

这是一家半露天式餐厅，咖喱饭、比萨、海鲜都很美味，且价格实惠。坐在露天座位上，可一边享受美食，一边欣赏美丽风景。

旅游资讯

- MR5 Mid Level,Southgate Landing,Southbank,Melbourne
- 03-96960111
- bluetrain.com.au

Sofia Pizza Restaurant

这家热闹的意大利餐厅氛围很好，有各种美味的比萨以及大分量的海鲜沙拉和蔬菜沙拉。此外，各种意大利面也很值得品尝。

旅游资讯

- 857 Burke Rd.,Melbourne
- 03-98821142
- sofiacamberwell.com.au

Vue de monde

这里的食物是无可挑剔的，价格也与食物的美味程度成正比，其中扳手蟹及各种虾类菜肴新鲜而实惠，值得推荐。

旅游资讯

- Level 55,Rialto/525 Collins St.,Melbourne
- 03-96913888
- vuedemonde.com.au

Melba Restaurant

这是墨尔本美味的自助餐餐厅，生蚝、螃蟹和大虾等海鲜无限量供应。早餐（6:30~10:30）40澳元/人；午餐周一至周五58澳元/人，周六84澳元/人，周日95.9澳元/人；晚餐周一至周日85~105澳元不等。

旅游资讯

- 1 Southgate Ave.,Southbank,Melbourn
- 1800-641107
- www.melbarestaurant.com.au

Grill'd

墨尔本著名的汉堡连锁店，据说是墨尔本最好吃的汉堡，汉堡要比麦当劳和肯德基的大很多，饭量小的话1个汉堡就能吃饱。人均消费约15澳元。

旅游资讯

🏠 在墨尔本有多家分店，比较方便到达的是墨尔本中心车站楼上3层的店

📶 www.grilld.com.au

Brunetti Carlton

这是墨尔本一家知名的咖啡馆，玻璃柜里摆满了各式各样的甜点，很美味，还可以品尝一下比萨、三明治、意大利面及各式沙拉。

旅游资讯

🏠 380 Lygon St.,Carlton

📞 03-93472801

📶 brunetti.com.au

墨尔本本地人爱去的购物地

本地人爱去的购物街

伯克街

伯克街（Bourke Street）的核心区域集中了大量的商铺，汇集了很多时尚品牌，同时还坐落着著名的百货公司Myer和David Jones。在街边能看到各种街头艺人进行的音乐演奏。

旅游资讯

📍 乘坐75、86、95、96路有轨电车在Spencer St./Bourke St.站下可到

柯林斯街

柯林斯街（Collins Street）是墨尔本的高端购物街，以拥有众多时尚前卫的设计师店铺、豪华的五星级酒店及奢华珠宝店闻名。

旅游资讯

📍 乘坐11、42、48等路巴士在Collins St站下可到

布朗斯威克街

布朗斯威克街（Brunswick Street）是波西米亚风格的典范，也是可满足各个阶层墨尔本人购物欲望的购物佳地。逛街逛累了，就停下来到咖啡馆里小憩片刻吧。

旅游资讯

📍 从柯林斯街乘坐11路有轨电车在Johnston Street下可到

本地人爱去的商场

墨尔本购物中心

墨尔本购物中心（Melbourne Central Shopping Centre）是墨尔本时尚购物的好去处，其横跨两个街区，有300多家商店，其中有众多精品店和品牌店，其中包括Country Road、Morrisseyl、Marcs、Kookai、G-Star等众多知名的大品牌。

旅游资讯

- 211 La Trobe Street,Melbourne
- 03-99221123
- 周一至周三及周末10:00～19:00，周四、周五10:00～21:00
- www.melbournecentral.com.au

查斯顿购物中心

查德顿购物中心（Chadstone West Mall）被誉为南半球最大的购物中心，服装店、奢侈品店、糖果店、宠物店等应有尽有，同时还有多家电影院及大型超市。

旅游资讯

- 1341 Dandenong Road,Chadstone
- 可从联邦广场乘坐免费班车到达，约需25分钟
- www.chadstoneshopping.com.au

QV购物中心

QV购物中心（QV Melbourne）被形容为城中城，为了纪念墨尔本最受欢迎的街巷而建。露天巷道穿过专用区直达时尚广场中心，有很多很受年轻人欢迎的品牌，其中包括澳大利亚本地护肤品牌Aesop的专卖店。

旅游资讯

- Republic Boutique,222 Lonsdale St.,Melbourne
- 03-92079200
- 乘坐35路免费有轨电车到州立图书馆站下可到

大卫琼斯

大卫琼斯（David Jones）百货公司位于历史悠久的建筑里，为人们提供高品质的本土及国际品牌。百货公司内还有很多咖啡店和餐厅，逛累了可找一家店品尝美味的午餐或下午茶。

旅游资讯

- 310 Bourke St.,Melbourne
- 03-96432222
- davidjones.com.au

本地人爱去的市场

维多利亚女王市场

维多利亚女王市场（Queen Victoria Matket）有千余户商贩前来摆卖各类商品，从海产品、本地蔬果、熟食，到衣物、羊毛时装等，应有尽有。除了购物，还可以欣赏街头艺人的音乐表演。

旅游资讯

🏠 513 Elizabeth Street,Melbourne
📞 03-93205822
📶 www.qvm.com.au

维多利亚艺术中心市场

维多利亚艺术中心市场（VIctorian Arts Centre Sunday Market）是墨尔本著名的工艺品展售中心，拥有多样化的商品，既有现代的陶艺品、手制画框、珍贵珠宝，也有手绘丝质衣物等。

旅游资讯

🏠 The Arts Centre/100 St Kilda Road,Melbourne
📞 03-92818581
🕐 周日10:00～16:00
📶 www.artscentremelbourne.com.au

帕拉罕市场

帕拉罕市场（Prahran Market）是澳大利亚最悠久的食品市场，有着"美食爱好者的天堂"的称号。市场主要供应墨尔本高品质的农产品，如水果、蔬菜、鱼、肉、禽类和熟食等。

旅游资讯

🏠 163 Commercial Rd.,South Yarra,Melbourne
📞 03-82908223
🕐 周二、周四至周六7:00～17:00，周日10:00～15:00
📶 www.prahranmarket.com.au

圣科达海滨市集

圣科达海滨市集（St Kilda Esplanade Market）位于费兹罗街和艾蓝街之间，紧邻月亮公园。市集上的摊主多为本地的艺术家，他们会直接向公众展示和出售各种手工制作的艺术商品，银饰、陶器、香薰、手袋等应有尽有。

旅游资讯

🏠 The Esplanade,St Kilda
📍 从墨尔本市内乘坐16路或96路电车可到，约需15分钟
🕐 每周日开放，5～9月10:00～16:00，10月至次年4月10:00～17:00
📶 www.stkildaesplanademarket.com.au

本地人爱去的折扣店

DFO South Warf

这里主要出售一些高档品牌的折扣服饰，如CK、Nine West等。幸运的话，仅花几澳元就能买到一件品牌服饰，而且衣服的样式都不错，价格很超值。

旅游资讯

🏠 20 Convention Centre Place,South Wharf
📞 03-0991111
🕐 10:00～18:00
📶 www.dfo.com.au

其他DFO推荐		
名称	地址	电话
DFO Essendon	100 Bulla Road,Essendon Fields	03-99377222
DFO Moorabbin	250 Centre Dandenong Road,Moorabbin Airport	03-95830344
DFO Homebush	3-5 Underwood Rd.,Homebush	02-97489800
DFO Brisbane	18th Avenue,Brisbane Airport	07-33059250
DFO Cairns	274 Mulgrave Road,,Cairns	07-40517444

海港城购物中心

海港城购物中心（Harbour Town Shopping Centre）为品牌直销中心，有很多折扣。

旅游资讯

🏠 1/122 Studio Ln.,Docklands
📍 乘坐35路免费环形电车到Harbour Town下可到
🕐 周一至周三、周五、周六9：00～17：30，周四9：00～19：00，周日10：00～17：00；圣诞节、受难节、澳新军团日关闭
📶 www.harbourtownmelbourne.com.au

墨尔本不花钱的娱乐活动

墨尔本是一座优雅舒适又充满活力的城市，你既可以在市中心穿梭于隐秘街道之中，也可以前往近郊探访亚拉河谷自然风光。此外，墨尔本还是体育迷的天堂，许多世界闻名的体育赛事均在这里举办。

不花钱的娱乐活动

漫步隐秘街道

在墨尔本，每一条街道都有着独特的个性，走在这些街道上，总会收获很多惊喜。尤其是在夏天，露天餐馆遍布哈德维尔街（Hardware Lane），还有乐队在人行道上轻奏小夜曲。墨尔本的街道还充满了艺术气息，如Hosier Lane、Union Lane有五彩缤纷的涂鸦壁画，Cocker Alley有街头艺术家班克西（Banksy）的作品，而Jane Bell、Rutledge、Spark Lane则充满了本地街头文化气息。

澳大利亚网球公开赛

每年1月在墨尔本公园将进行著名的澳大利亚网球公开赛（即亚太地区大满贯赛），与此同时，各类节庆活动也同期上演。如果你没有购买观赛门票，则可参加在联邦广场举办的各类活动，包括音乐会和不间断地现场娱乐活动，并可在大屏幕上免费观看赛事直播。

墨尔本杯嘉年华

墨尔本杯嘉年华是一项激动人心的赛马盛会，除了可观看赛马盛会，更可免费参与各项精彩活动。嘉年华从9月一直持续到11月中旬，在此期间，你可参与时尚游行、慈善午宴、当地赛场嘉年华会上进行的烧烤活动等。

墨尔本蒙巴节

墨尔本蒙巴节（Moomba festival）在每年3月上旬举办，是澳大利亚最大的免费社区节日。

旅游资讯

📶 www.thatsmelbourne.com.au/moomba

墨尔本 → 大洋路

来回交通

乘飞机

爱华隆机场（Avalon Airport,AVV）位于墨尔本和吉朗（大洋路的入口）之间，是墨尔本大都会区第二繁忙的机场，可乘坐捷星廉价航空（Jetstar）的航班直飞悉尼和布里斯班。

爱华隆机场信息	
地址	80 Beach Rd.,Lara
电话	03-52279100
网址	www.avalonairport.com.au

从爱华隆机场可乘坐机场巴士（Avalon Airport Transfers）前往墨尔本南十字星车站。机场巴士可在机场出站口处乘坐，主要根据航班时间运行情况发车，建议出行前在官网（www.sitacoaches.com.au/avalon）查看详细的时间表，票价单程22澳元，往返42澳元。

乘火车

从墨尔本南十字星车站（Southern Cross Station）乘坐V/Line运行的火车，可前往吉朗火车站（Geelong Railway Station），周一至周五高峰时期约10分钟一趟，周六、周日约1个小时一趟。

南十字星车站信息	
地址	Collins St.,Docklands,Melbourne
交通	乘坐11、12、48、86、96、109路有轨电车可到
网址	www.southerncrossstation.net.au

从吉朗可转乘V/Line运行的长途巴士前往大洋路沿线各大城镇，如托基（Torquay）、安格尔西（Anglesea）、洛恩（Lorne）等。要注意的是，大洋路沿线城镇运行的巴士班次不多，一天3～4趟，所在出发前要在V/Line官网上查好时间。

吉朗火车站信息	
地址	Railway Terrace,Geelong
电话	03-52266526

自驾

大多数人会选择从墨尔本自驾前往吉朗，然后在大洋路上自驾旅行。

自驾大洋路沿途主要城镇信息		
线路	里程	时间
墨尔本→吉朗	75公里	1小时
吉朗→托基	21.6公里	24分钟
托基→洛恩	47公里	45分钟
洛恩→阿波罗贝湾（Apollo Bay）	45公里	40分钟
阿波罗贝湾→坎贝尔（Port Campbell）	96公里	1小时20分钟
坎贝尔→瓦南布尔（Warrnambool）	60公里	50分钟

TIPS 出发前将导航GPS设置成Avoid Toll，这样可避开收费路段。从墨尔本市区出发时，不要上City Link Tollway（收费道路）。

澳大利亚穷游也行

大洋路亮点速览

景 十二使徒岩

十二使徒岩（Twelve Apostles）是大洋路上最著名的景点之一，形态各异的巨大石柱矗立于南冰洋汹涌的波涛之中，让人很容易联想到圣经中追随耶稣基督的十二门徒，气势磅礴，让人惊叹不已。

旅游资讯

🏠 Great Ocean Rd and Booringa Rd.,Princetown

📞 1300-137255

📍 从沉船海岸出发，沿大洋路向东行驶3分钟可到

📶 visit12apostles.com.au

TIPS 有关十二使徒岩地区的相关信息，可参考官网的中文旅游手册。

景 伦敦拱门

伦顿拱门（London Arch）旧称伦顿桥（London Bridge），也是大洋路上最著名的景点之一，因其形状与伦顿桥有些相似而得名。不过在1990年，石桥坍塌，形成了现在中间不再相连的断桥。

旅游资讯

🏠 Great Ocean Road, Peterborough

📍 从十二使徒岩出发，沿大洋路向西行驶5分钟可到

景 奥特威岬灯塔

奥特威岬灯塔（Cape Otway Lightstation）是澳大利亚最古老的灯塔，站在90米高的灯塔顶部，可俯瞰南冰洋的壮观景致。你可参加4WD灯塔看守人沉船发现之旅（4WD Lightkeeper's Shipwreck Discovery Tour）探索海岸的秘密，该旅程对有一些住宿地入住的游客提供特别优惠。

旅游资讯

🏠 1140 Lightstation Road,via Great Ocean Road, Cape Otway

📞 03-52379240

📍 从阿波罗旅游中心出发，沿大洋路自驾约40分钟可看到指示牌

💲 19.5澳元

📶 www.lightstation.com

景 大奥特维国家公园

　　大奥特维国家公园（Great Otway National Park）从托尔坎镇一直延伸至王子镇，拥有壮丽的瀑布和峡谷景观。从阿波罗小镇绵延至格兰那普牧场的区域，可以通过徒步路径横穿公园，景致很美。此外，还可以探索著名的树顶步道（Tree Top walk）和进行滑降之旅（Zip Line tour），鸟瞰壮美的丛林景观。值得一提的是，公园到处都是绝佳的露营地。

旅游资讯

🏠 Wye River

📶 parkweb.vic.gov.au/explore/parks/great-otway-national-park

景 贝尔斯海滩

　　贝尔斯海滩（Bells Beach）平时跟大洋路沿线的其他海滩一样平静而闲适，而到了每年复活节期间，这里便会举行盛大的Rip Curl Pro世界冲浪锦标赛，届时世界各地的冲浪高手将在这里云集，为人们呈现一场高水平的竞赛。

旅游资讯

🏠 Bells Beach,Torquay

📶 从托基镇沿大洋路行驶约10分钟，到与Jarosite Road的交界处左拐，继续行驶约3分钟可到

澳大利亚穷游也行

墨尔本 → 菲利普岛

来回交通

自驾

从墨尔本前往菲利普岛，建议自驾或跟团。自驾的话，可选择从墨尔本国际机场租车直接前往菲利普岛，约160公里，用时约2小时，如果要避开收费路段，约需2小时20分钟。在岛上可按指示牌提示前往各个景点。

长途巴士

如果你时间充裕，也可选择V/Line运行的长途巴士前往菲利普岛。从墨尔本市内的南十字星车站上车，在KOOL Wee Rup站换乘，最终在菲利普岛上的考斯小镇（Cowes）下车，全程2～3小时。详细信息可在V/Line官网www.vline.com.au上查询。

菲利普岛亮点速览

景 企鹅归巢

企鹅归巢（Penguin Parade）是澳大利亚最受欢迎的野生动物景观

之一。每当黄昏时分，野生小企鹅便会纷纷浮出海面，呆头呆脑地走过沙滩，然后回到沙丘中的洞穴里。要注意，因为闪光灯会伤害到小企鹅的眼睛，所以在观看时禁止为它们拍照或录像。

旅游资讯

- 🏠 1019 Ventnor Rd.,Ventnor
- 📞 03－59512800
- 🕐 通常是太阳落下海平面之后，大致时间为5～9月18:30～20:00，10月至次年4月19:30～21:30
- 💲 24.5澳元，企鹅归巢+丘吉尔岛传统农庄+考拉保育中心套票41.6澳元
- 📶 www.penguinsparade.com.cn（中文官网）

景 丘吉尔岛传统农庄

丘吉尔岛传统农庄（Churchill Island Heritage Farm）是维多利亚州的第一座农庄，拥有众多保留完好的传统古迹以及优美的自然风光，是感受澳大利亚纯正的农场历史的好去处。每天14:00～15:00有精彩的农场表演。

旅游资讯

- 🏠 距离企鹅归巢观光地有15分钟车程
- 📍 从菲利普岛游客信息中心右转，沿丘吉尔岛大桥步行可到
- 💲 12.3澳元，推荐购买套票

景 考拉保育中心

考拉保育中心（Koala Conservation Centre）是与野生考拉进行亲密接触的好去处。你可通过考拉步道（Koala Boardwalk）和林地步道（Woodland Boardwalk），一边欣赏茂密的丛林景观，一边寻找野生考拉的踪迹，同时还可邂逅小袋鼠、针鼹等其他澳大利亚野生动物。

旅游资讯

- 🏠 1019 Ventnor Rd.,Ventnor
- 📞 03-59512800
- 🕐 冬季10:00～17:00，夏季10:00～18:00
- 💲 12.3澳元，推荐购买套票

景 诺比司中心

诺比司中心（Nobbies Centre）是菲利普岛西南端壮观的一处岬角，你可沿着步道环绕其漫步，欣赏美丽的海滨美景，还可极目远眺标志性的小企鹅奇观。此外，在距离诺比司中心1公里处有著名的是海豹岩区（Seal Rocks），这里是澳大利亚最大的海豹集聚地。

旅游资讯

🏠　1320 Ventnor Road,Summerlands

景 Maru考拉动物园

Maru考拉动物园（Maru Koala and Animal Park）是与野生动物亲密接触的好去处，你可以亲手给可爱的小动物喂食，也可抚摸考拉、袋鼠。

旅游资讯

🏠　1650 Bass Highway,Grantville
📞　03-56788548
💲　20澳元
📶　www.marukoalapark.com.au

景 菲利普岛巧克力工厂

在菲利普岛巧克力工厂（The Phillip Island Chocolate Factory）可品尝特制的巧克力松露，也可以体验各种与巧克力有关的项目，并了解关于巧克力的起源和制作常识。

旅游资讯

🏠　930 Phillip Island Road,Newhaven
📞　03-59566600
🕙　10:00～17:00
💲　17澳元
📶　phillipislandchocolatefactory.com.au

墨尔本 → 莫宁顿半岛

来回交通

乘火车

可先从墨尔本弗林德斯大街火车站乘坐火车前往Frankston Railway Station，然后坐788路巴士可到达莫宁顿半岛上的波特西小镇（Portsea）。

自驾

从墨尔本开车出发需要1个多小时即可到达莫宁顿半岛，全程约75公里。

莫宁顿半岛亮点速览

景 雅思迷宫及薰衣草花园

雅思迷宫及薰衣草花园（Ashcombe Maze & Lavender Gardens）是澳大利亚最古老、最著名的树篱迷宫，拥有美丽的圆形玫瑰迷宫（Circular Rose Maze）以及花香四溢的薰衣草迷宫。你可以通过花园探索小径（Garden Discovery Trail）在花园中赏景。

旅游资讯

🏠 15 Shoreham Road,Shoreham
📞 03-59898387
📍 从波特西自驾途经Point Nepean Rd.可到
🕐 9:00～17:00
💲 18.5澳元
🛜 ashcombemaze.com.au

景 魔法迷宫花园

魔法迷宫花园（The Enchanted Maze Garden）中设有3个树篱迷宫、4个巨大的管道滑梯、20个主题花园、1个室外雕塑园以及1个室内3D迷宫。你可在花园中野餐，也可在咖啡馆中品尝点心。

旅游资讯

🏠 55 Purves Road,Arthurs Seat
📞 03-59818449
📍 从雅思迷宫及薰衣草花园途经Shoreham Rd.和Arthurs Seat Rd.，自驾约14分钟可到
🕐 冬季10:00至傍晚（最好15:00之前进入），夏季10:00~18:00；室内3D迷宫10:00~17:30
$ 29澳元
📶 www.enchantedmaze.com.au

娱 半岛温泉

半岛温泉（Peninsula Hot Springs）是澳大利亚唯一一个天然矿物温泉沐浴和日间水疗中心。浴室（Bath House）中有洞穴池、反射散步、水疗池、热流沟、桑拿、按摩热淋浴、家庭泳池等20多个沐浴区域。

旅游资讯

🏠 140 Springs Ln.,Fingal
📞 03-59508777
🕐 7:30~22:00
$ 浴室沐浴20澳元
📶 www.peninsulahotsprings.com

娱 品尝葡萄酒

莫宁顿半岛有170多座葡萄酒庄和50多座酒窖，你可在红丘陵（Red Hill）、梅里克斯（Merricks）、Main Ridge、Balnarring、Moorooduc等地品尝黑皮诺、霞多丽、桑娇维赛等美味的葡萄酒。

墨尔本 → 巴拉腊特

来回交通

乘火车

　　墨尔本每天有十几列火车前往巴拉腊特火车站（Ballarat Station），票价约20澳元，运行时间为1.5小时。到达火车站后换乘摆渡大巴可到巴拉腊特市内各大景点。此外，巴拉腊特火车站也有前往墨尔本国际机场的机场巴士运行。

巴拉腊特火车站信息	
地址	Lydiard St.,Ballarat

自驾

　　从墨尔本经西部公路（Western Highway）约1小时便可到达巴拉腊特。

巴拉腊特亮点速览

景 巴拉瑞特工艺美术馆

巴拉瑞特工艺美术馆（Ballarat Fine Art Gallery）是澳大利亚历史最悠久、规模最大的地区美术馆，拥有众多澳大利亚艺术品。

旅游资讯

🏠 40 Lydiard St N,Ballarat
📞 03-53205858
📍 从巴拉腊特火车站步行约3分钟可到
💲 免费，特殊展览需另外付费
🕐 10:00～17:00
📶 artgalleryofballarat.com.au

景 巴拉瑞特野生动物园

在巴拉瑞特野生动物园（Ballarat Wildlife Park）内可观看可爱的考拉、袋鼠及鳄鱼等野生动物，还可沿着小道散步或骑自行车欣赏风景。每天11:00可参加带导游的游览路线，周末13:30还可观看饲养员喂食表演。

旅游资讯

🏠 250 Fussell Street,Ballarat
📞 03-53335933
📍 乘坐巴士在Canadian 9和Eureka 8站下车可到
🕐 9:00～17:00
💲 31澳元
📶 www.wildlifepark.com.au

景 疏芬山

疏芬山（Sovereign Hill）是体验19世纪50年代淘金热潮时期生活的好去处。在这里，你可以探索地下矿井，并且观看冶金的过程。此外，景区内有讲中文的工作人员及免费的中文导游图，游览起来十分便捷。

旅游资讯

🏠 Bradshaw St.,Ballarat
📍 从巴拉腊特火车站沿着标志换乘摆渡大巴可到
🕐 10:00～17:00
💲 54澳元
📶 sovereignhill.com.au

Chapter **THREE**

昆士兰州

布里斯班

布里斯班最优出行方案速查

机场到市区

布里斯班国际机场（Brisbane Airport,BNE）位于布里斯班河北岸，距离市区约16公里，国际航站楼和国内航站楼之间大约相距2公里。

布里斯班国际机场信息

地址	11 The Circuit,Brisbane
电话	07-34063000
网址/二维码	www.bne.com.au/cn（中文官网）

机场至市区交通

交通方式	介绍	票价	省钱攻略
Con-x-ion 机场巴士	往返于布里斯班市区、布里斯班邮轮码头/汉密尔顿临港码头、黄金海岸和阳光海岸之间	到布里斯班市区15澳元起，到阳光海岸40澳元起	在国际航站楼2层客户服务柜台及国内航站楼路边服务亭可预订私人巴士包车服务，预订电话为07-55569888
机场火车（Airtrain）	运行于机场、布里斯班市区和黄金海岸之间，并提供国内航站楼与国际航站楼之间的转乘服务。运行时间为5:45~22:00，高峰期每15分钟发一次车	前往布里斯班市区成人单程17.5澳元，往返33澳元	官网预订有优惠，1天及1天前预订单程16.62澳元，往返31.35澳元；2~6天前预订单程15.75澳元，往返29.7澳元；7天及以上预订单程14.87澳元，往返28.05澳元

使用一卡通 Gro Card

布里斯班和黄金海岸统一使用一卡通Go Card，该卡适用于布里斯班市内主要的交通工具，如巴士、渡轮和火车。

使用Gro Card卡比买单独买票至少便宜30%（机场线除外，刷卡和单独买票价格相同），如果是非高峰期（9:00～15:30、19:00至次日凌晨2:00，周末和公共假期）要便宜将近50%。可在机场、火车站、书报亭、7-11等便利店以及官网购买该卡，押金10澳元，退卡时可以一并退还。

购买Gro Card之后2小时内，可在购买区间内随意换乘布里斯班市内的交通工具，可以多次转乘，但必须是不同车次，返程不包括在内；在相同区间内换乘巴士和渡轮无需另加费用，换乘时需出示转车票（Transit Ticket），可在开始乘坐时对司机说"Transit Ticket，please"。

> **TIPS** 布里斯班市区面积较小，如果你住在市区，那么在市区游玩完全可以靠步行。此外，布里斯班渡轮Cityhopper为免费航线，沿布里斯班河航行，途中可看到故事桥、南岸公园等景点。

布里斯班玩点速览+线路推荐

玩点速览

南岸公园

　　南岸公园（South Bank Parklands）是1988年澳大利亚举办世博会的旧址，现已成为深受人们欢迎的市内公园。从干净的海滩到青葱的绿草地，

旅游资讯

🏠 South Brisbane Queensland
📍 从Roma St Station或中央车站乘坐巴士在South Brisbane站下可到
📶 www.queenslandrail.com.au

众多美景都令人感到心旷神怡。在这里野餐、烧烤，或者骑辆自行车穿越树林，都是很有不错的体验。此外，你还可以在克莱姆琼斯步行道（Clem Jones Promenade）漫步，其美丽的景色一直延伸到河对面的市中心。

布里斯班河

　　布里斯班河（Brisbane River）是目前布里斯班市的主要水源，也是昆士兰州最伟大的自然资产，流过布里斯班市中心，将其一分为二，一边是高楼林立，另一边则是著名的南岸公园。

旅游资讯

🏠 昆士兰州东南部

市政厅

　　市政厅（City Hall）是一座具有意大利典型新古典主义风格的建筑，是澳大利亚最为富丽堂皇的市政厅，被称为"百万市府"。无论你在布里斯班的哪个角落，都能看到壮观的市政厅钟塔，因而该塔可作为人们旅行

旅游资讯

🏠 64 Adelaide St.,Brisbane
📞 07-34038888
📍 乘坐火车在King George Square Station下可到
🕐 免费导览时间10:30、11:30、13:30、14:30、15:30
📶 www.brisbane.qld.gov.au

时的向导。在钟塔内可乘电梯前往观景台，可在那里远眺布里斯班整个市区美景。

罗马街公园

罗马街公园（Roma St Parkland）内除了种类繁多的植物外，还有大型的亚热带花园、儿童乐园、小型室外剧场、公共烧烤台。每到春天，能在这里看到各种花，很漂亮。另外，园内还展示有许多本地艺术节中的作品。

龙柏考拉公园

龙柏考拉公园（lone pine koala sanctuary）已有80多年的历史，其经典的标语是"地球不仅仅是人类的"。在这个野生动物园中，除了有大量慵懒可爱的考拉外，还有袋鼠、袋熊、鸭嘴兽、针鼹鼠等动物。可以买一包袋鼠食物喂袋鼠，也不要忘了抱着可爱的考拉照张相。

故事桥

故事桥（Story Bridge）是一座跨越布里斯班河的悬臂桥，连接着布里斯班北部和南部，是布里斯班市的象征。每当夜幕降临，故事桥便会被无数彩灯照亮，景致非常美丽。

昆士兰文化中心

昆士兰文化中心（Queensland Cultural Centre）是布里斯班的艺术中心，综合展现了澳大利亚文化、艺术等方面的成就。这里有昆士兰博物馆、昆士兰美术馆、昆士兰州立图书馆及综合表演艺术中心等诸多展览馆，其中的昆士兰博物馆之中，不仅有很多珍奇的展览，还有一个有趣的科学中心（Sciencentre），比较适合孩子游玩。

旅游资讯

🏠 Grey St.,South Brisbane
📍 乘坐160、425、430、435等路巴士可到
🕐 综合表演艺术中心、昆士兰州立图书馆和昆士兰美术馆周一至周五10:00～17:00，周六、周日9:00～17:00；昆士兰博物馆9:30～17:00
$ 昆士兰博物馆里的科学中心成人10澳元、儿童8澳元、家庭29澳元

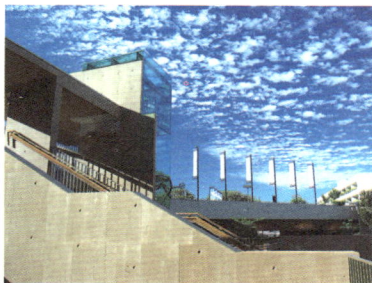

城市植物园

旅游资讯

🏠 Alice St.,Brisbane
📍 乘坐40路巴士可到
📞 07-34038888

城市植物园（City Botanic Gardens）至今已有180多年的历史，园内有很多罕见的新奇植物，曾被昆士兰遗产中心誉为"昆士兰最为杰出的非原住民文化景观"。在植物园东侧，沿河建造有红树林木板路，幸运的话，可在这里晚上发现负鼠（Possum）的踪迹。

库塔山植物园

　　库塔山植物园（Mt Coot-tha Botanic Gardens）又名布里斯班植物园，园内有各种热带及亚热带植物。根据植物种类的不同，植物园被分为盆景房、澳大利亚雨林、温带植物、竹林等不同区域。你可站在库塔山瞭望台（Mount Coot-tha Lookout）远眺布里斯班与摩尔顿湾的美景。

旅游资讯

🏠 布里斯班市区西面，距离市中心8公里
📞 07-34032532
📍 乘坐471、599路巴士可到

摩顿岛

　　摩顿岛（Moreton Island）因野生海豚而闻名世界，所以又被称为"海豚岛"。这里是观看鲸鱼、海鸟、海豚的好去处，每天晚上，大批海豚便会如约而至，在岸边戏水，你可以免费体验一把亲手喂食海豚的乐趣。此外，摩顿岛还是滑沙的好去处，将滑板放在身下，双手抓紧，以高达65公里的时速滑行，让很多人为之疯狂。

旅游资讯

🏠 距离布里斯班30公里的海面上
📞 07-34082710（摩顿岛国家公园信息中心）
📍 乘坐Tangalooma公司的船可到
📶 www.visitmoretonisland.com

线路推荐

DAY 1

市政厅➡罗马街公园➡南岸公园➡昆士兰文化中心

市政厅 / 有70米高的钟塔，对面是乔治国王广场

步行经过Albert St.约16分钟

罗马街公园 / 最值得看的是中心的Spectacle Garden

乘坐60、192、196、199路巴士

南岸公园 / 有BBQ烧烤台

步行经过Grand Arbour和Grey St.

昆士兰文化中心 / 参观展览，在科学中心中陪孩子玩耍

DAY 2

库塔山植物园➡龙柏考拉公园

库塔山植物园 / 观赏不同种类的植物和动物

自驾途经M5约11分钟

龙柏考拉公园 / 喂袋鼠、抱考拉

DAY 3

布里斯班河→摩顿岛

布里斯班河 / 乘坐Citycat游览布里斯班河

乘Tangalooma公司的船前往

摩顿岛 / 观看鲸鱼、海鸟、海豚

布里斯班高性价比住宿地推荐

布里斯班市区较小，要想出行方便，推荐住在中央商务区（CBD）及其附近。

住宿地推荐

高性价比酒店推荐				
名称	地址	网址	参考价格	亮点
Capri by Fraser Brisbane	80 Albert St.,Brisbane	brisbane.capribyfraser.com	豪华一室公寓178澳元，行政一室公寓231澳元，一卧室公寓323澳元	距离皇后街购物中心仅500米的步行路程，提供免费无线网络连接；浴室提供淋浴、免费洗浴用品、浴袍和拖鞋
Central Dockside	44 Ferry St.,Kangaroo Point, Brisbane	www.centralapartmenthotels.com.au	标准一卧室公寓150澳元，标准两卧室公寓189澳元	可俯瞰布里斯班河美景，配有设备齐全的厨房、洗衣设施，每天可以使用200MB的免费Wi-Fi
Ibis Styles Brisbane Elizabeth Street	40 Elizabeth St., Brisbane	ibis-styles-brisbane-elizabeth-street.hotelsinbrisbane.net	市景标准大号床间124澳元，城市景标准双床间111澳元，高级大号床间（带城市间）118澳元	距离皇后街购物中心约500米，提供免费Wi-Fi，每间客房均设有一间带淋浴的私人浴室

高性价比公寓推荐

名称	地址	网址	参考价格	亮点
Arena Apartments	9 Edmondstone Street, Brisbane	www.arenabrisbane.com.au	一室公寓180澳元，一卧室公寓216澳元，一卧室公寓（带露台）225澳元	距离南岸公园和皇后街购物中心不到15分钟步行路程，部分员工会说中文，提供免费Wi-Fi及设备齐全的厨房
Mantra on the Quay	30 Macrossan St., Brisbane	www.mantra.com.au	一室公寓166澳元，一卧室公寓（带阳台）186澳元	位于CBD中心地带，享有布里斯班市区美景，设有烧烤设施，所有自助式公寓内都设有设备齐全的厨房

高性价比旅馆/旅舍推荐

名称	地址	网址	参考价格	亮点
Brisbane City YHA	392 Upper Roma Street, Brisbane	www.yha.com.au/brisbane	双床间（带共用浴室）107澳元，双人间（带私人浴室）125澳元，6床位宿舍间1张床（带共用浴室）36澳元，4床位宿舍间1张床（带共用浴室）38澳元	距离中央商务区只有咫尺之遥，提供免费Wi-Fi、旅游咨询处和共用厨房
Aspley Pioneer Motel	794 Zillmere Rd., Aspley	aspleypioneermotel.com.au	标准大号床间110澳元，双人或双床间120澳元，家庭间140澳元	设有室外游泳池、烧烤设施、旅游咨询台、有限的免费Wi-Fi和洗衣设施

布里斯班百里挑一的经济餐

布里斯班市中心的餐馆主要集中在皇后街购物中心、老鹰街（Eagle St）、帕丁顿（Paddington）、新农庄（New Farm）、巴尔东（Bardon）以及佛特谷（Fortitude Valley）等区域。

经济餐馆推荐

Esquire

这里的每道菜都很有创意，假如你想进一步了解这个餐厅，可以到开放式厨房观看厨师娴熟的烹饪手法，感受一次与众不同的用餐体验。

旅游资讯

🏠 145 Eagle St.,Brisbane
📞 07-32202123
📶 esquire.net.au

Soul Bistro

这是一个休闲餐厅，提供各种面筋食物和奶制品。菜肴均采用新鲜食材做成，孜然鱼再配上一杯荔枝薄荷柠檬水，美味极了。

旅游资讯

🏠 16 Baroona Rd.,Brisbane
📞 07-33678188
📶 www.soulbistro.com.au

永盛金铺

永盛金铺（Golden Barbeque）是个美味的烧烤店，有烤鸭、叉烧猪肉、大豆鸡肉，以及香脆五花肉等美食。另外，还提供分量十足的米饭及面条，也有免费赠送的小碗汤或中国茶。

旅游资讯

🏠 157 Wickham St.,Brisbane
📞 07-38525222

Verve Cafe

这是一家意大利餐厅，供应的香草面包很美味。重要的是食物价格实惠，推荐沙蟹和甲鱼烩饭。

旅游资讯

🏠 109 Edward St.,Brisbane
📞 07-32215691
📶 vervecafe.com.au

The Spice Avenue Balti Restaraunt

这是一家英式印度美食餐厅，传统的英式咖喱味道独特，很值得推荐。露天就餐是这家餐厅的一大特色，深受人们欢迎。值得一提的是，这里可以自带酒水。

旅游资讯

🏠 190 Birkdale Rd.,Brisbane
📞 07-38229822
📶 thespiceavenue.com.au

Shingle Inn

这是一家连锁酒馆，最初的店营业于1936年，市政厅门店利用从原店中回收的都铎式家居用品装饰，很有特色。在这里可以实惠的价格品尝美味的昆士兰咖啡和蛋糕等。

旅游资讯

🏠 Shingle Inn City Hall,King George Square,Brisbane
📶 shingleinncityhall.com

布里斯班本地人爱去的购物地

布里斯班的购物场所主要集中在皇后街（Queen St.）、帕丁顿区（Paddington）、爱德华街（Eward St.）、詹姆士街（James St.）。皇后街是著名的购物步行街，拥有700多家专卖店；帕丁顿区的商店多

为老式殖民风格的建筑，主要出售各种澳大利亚本地与进口的流行商品、礼品、书与古董等；爱德华街在皇后街附近，是一条豪华的街道，聚集了很多顶级的澳大利亚零售商；詹姆士街聚集着各种各样的精品店。

本地人爱去的商场

皇后街购物中心

皇后街购物中心（Queen Street Mall）是国际奢侈品牌的聚集地，拥有多家专卖店、食品店及三家大型的购物场。另外，购物中心内分布着多家咖啡馆，逛累了可在里边休息一下。

旅游资讯

🏠 Queen St.,Brisbane
📞 07-30066200
🕐 周一至周四9:00～18:00，周五9:00～21:00，周六9:00～17:30，周日10:00～18:00
📶 www.queenstreetmall.com.au

布里斯班拱廊

布里斯班拱廊（Brisbane Arcade）是布里斯班市最知名、最富丽堂皇的购物中心之一，有近百家店铺在这里营业，包括各种高档时尚品牌店、珠宝行及化妆品店、新潮服装店等。

旅游资讯

🏠 160 Queen St.,Brisbane
📞 07-32319777
🕐 周一至周四9:00～17:00，周五9:00～20:00，周六9:00～17:00，周日10:00～16:00，公共假日10:00～16:00
📶 www.brisbanearcade.com.au

本地人爱去的市场

南岸公园生活方式市场

南岸公园生活方式市场（South Bank Lifestyle Market）是一个周末市场，紧临布里斯班河，有120多个摊位。在这里除了能买到各种生活用品，还能看见各种玩飞镖、塔罗牌的人，热闹非凡。

旅游资讯

🏠 Stanley St Plaza/Stanley St.,Brisbane
📞 07-38442440
🕐 周五17:00~22:00，周六11:00~17:00，周日9:00~17:00

Riverside Markets

该集市位于城市植物园附近，出售手工艺品、服饰、珠宝等。

旅游资讯

🏠 City Botanic Gardens,157 Alice St.,Brisbane
🕐 周日7:00~15:00
📶 www.riversidemarkets.com.au

布里斯班不花钱的娱乐活动

不花钱的娱乐活动

布里斯班节

布里斯班节（Brisbane Festival）在每年9月中旬~10月上旬举办，是大型的文化艺术盛会。节日期间，来自世界各地的艺术家会为人们奉上音乐、舞蹈、戏剧、行为艺术表演。与此同时，还会上演精彩的建筑灯光秀、河上激光秀等。而在闭幕的当天晚上布里斯班河畔将会燃放半个小时的烟花，十分壮观。

旅游资讯

📶 www.brisbanefestival.com.au

布里斯班EKKA嘉年华

这是布里斯班及昆士兰民间的传统盛会，每年8月举办，为期10天。该节日将乡村生活带到都市，是体验纯正澳式乡村生活的不错选择。

旅游资讯

📶 www.ekka.com.au/chinese

布里斯班 → 黄金海岸

来回交通

乘火车

昆士兰铁路的城际火车（Citytrain）每天有布里斯班开往黄金海岸的车次，前往Helensvale火车站约需1小时，前往奈蕴（Nerang）火车站约需1小时10分钟。

Airtrain连接布里斯班机场和黄金海岸，中途经过布里斯班市区。到达黄金海岸奈蕴火车站（约32澳元）或者Robina火车站（约35澳元）约需1小时20分钟；前往冲浪者天堂需在车站换乘Surfside Bus，约需30分钟。

乘巴士

往来于黄金海岸和布里斯班的灰狗巴士班次较多，车程约1小时，票价约18澳元，具体信息可参考灰狗巴士官网。

黄金海岸亮点速览

景 冲浪者天堂

冲浪者天堂（Surfer's Paradise Beach）是黄金海岸最著名的沙滩，拥有绵延的金黄色海滩和绝佳的冲浪地。海滩上总是挤满了慕名而来的度假者，更会时常看到冲浪者矫健的身姿。值得一提的是，在冲浪者天堂附近的沿海大道上，每周三和周五17:30～22:00都有热闹的海滩夜市。

旅游资讯

🏠 Main Beach Rd.,Surfers Paradise
📞 07-55920155
📍 从黄金海岸步行可抵达

景 库尔加塔海滩

库尔加塔海滩（Coolangatta Beach），是一个安全性较高、老少皆宜的海滩，很适合家庭出游。迷人的海滩、清澈的海水以及繁华的购物区使之成为很多人理想的旅行地。

旅游资讯

🏠 Coolangatta
🕐 周一至周五8:30～17:00，周六9:00～15:00（黄金海岸预订中心）

景 梦幻世界

梦幻世界（Dreamworld）是黄金海岸最受欢迎的家庭主题公园之一，拥有惊险刺激的游乐项目，以及各种珍贵的野生动物，其中包括难得一见的孟加拉虎。如果天气比较暖和，还可以去白水世界（White Water World，10:00～16:00）玩。

旅游资讯

🏠 Dreamworld Parkway,Coomera
📞 07-55881111
📍 从布里斯班乘坐火车到达Coomera Station下车可到
🕐 10:00～17:00
💲 95澳元
🌐 www.dreamworld.com.au

景 海洋世界

海洋世界（Sea World）中有鲨鱼、海豚、海狮等海洋生物。在鲨鱼湾，可以抚摸那些柔软的海洋生物。假如你想访问多处园区，或者想要多次参观海洋世界，可以买张VIP通行证（109.99澳元），这样就可以自由出入华纳兄弟电影世界、海洋世界、潮野水上乐园和天堂农庄了。

旅游资讯

- 🏠 Seaworld Dr.,Main Beach
- 📞 07-55882222
- 📍 从黄金海岸乘黄金海岸旅游班车到达
- 🕐 10:00～17:00
- 💲 84.99澳元
- 📶 seaworld.com.au

景 华纳兄弟电影世界

华纳兄弟电影世界（Warner Bros Movie World）有黄金海岸的好莱坞之称，拥有刺激的游乐设施及令人惊叹的精彩表演，能

满足不同年龄段游客的各种喜好。在进入华纳兄弟电影世界之前，工作人员会给你一张电影放映时间表，可仔细查看一下。

旅游资讯

- 🏠 Pacific Motorway,Oxenford
- 📞 07-55733999
- 📍 乘坐TX2巴士约35分钟车程可到
- 🕐 10:00～17:00
- 💲 89澳元
- 📶 movieworld.com.au

娱 潮野水上世界

潮野水上世界（Wet 'n' Wild Water Park）是一个人气很高的的主题公园，也是夏季避暑的好地方。这里简直是孩子们的快乐家园，孩子们可全身心投入到水世界所带来的快乐中去。

旅游资讯

- 🏠 Pacific Motorway,Oxenford
- 📞 07-55561660
- 🕐 10:00～17:00
- 💲 74澳元
- 📶 themeparks.com.au

景 可伦宾国家野生动物园

可伦宾国家野生动物园（Currumbin Wildlife Sanctuary）距离可伦宾海滨仅咫尺之遥，在这里你可以看到考拉、袋鼠等澳大利亚本土动物。夜幕降临时，可在这寻找野生夜行动物的踪迹，是非常难得的体验。

旅游资讯

- 🏠 28 Tomewin St.,Currumbin
- 📞 07-55341266
- 📍 乘坐700、760路巴士可到
- 🕐 8：00～17：00，澳新军团日当天13:30～17：00，圣诞节关闭
- 💲 49澳元
- 📶 www.cws.org.au

购 海港城购物中心

海港城购物中心（Harbour Town Outlet Shopping）拥有120多家直销店，是众多名牌的集中地。

旅游资讯

- 🏠 147-189 Brisbane Rd.,Biggera Waters
- 🕐 周一至周三9:00～17:30，周四9:00～19:00，周五至周六9:00～17:30，周日10:00～17:00
- 📶 www.harbourtown.com.au

购 太平洋购物中心

太平洋购物中心（Pacific Fair Shopping Centre）从各种时尚前卫的衣饰到礼品、家居用品等，应有尽有。可到顾客服务台（Customer Service Desk）领取一张贵宾通行证（VIP Visitor's Pass），持有该证将会享受一定的优惠。

旅游资讯

- 🏠 Hooker Blvd.,Broadbeach
- 📍 乘坐705、731、736、738等路巴士可到
- 📶 www.pacificfair.com.au

购 卡拉拉市场

卡拉拉市场（Carrara Markets）是黄金海岸附近著名的水果市场，这里的水果往往要比超市的价格低很多。

旅游资讯

- 🏠 Manchester Rd.,Gold Coast
- 📞 07-55799388
- 📍 乘坐755路巴士可到
- 🕐 周六、周日7:00～16:00
- 📶 carraramarkets.com.au

布里斯班 → 凯恩斯

来回交通

乘飞机

从布里斯班国际机场（Brisbane Airport,BNE）到凯恩斯国际机场（Cairns Airport，CNS）有频繁的班次，约需2.5小时。

凯恩斯国际机场信息	
地址	Airport Ave.,Cairns
电话	07-40806703
网址/二维码	www.cairnsairport.com.au/china（中文官网）

机场至市区交通			
交通方式	介绍	票价	省钱攻略
机场巴士（Airport Shuttle）	Sun Palm Transport公司运营的机场巴士可从机场前往凯恩斯市中心、北部海滩、棕榈湾、道格拉斯港和考验角	票价根据距离远近不同而有所不同，详情可咨询4099-1191	Sun Palm Transport公司还运行Airport Connect 服务，连接机场与凯恩斯北部地区及南部的Sheridan Street巴士站，单程4澳元，往返6澳元
出租车	航站楼之外便是出租车等候区	从机场到市区单程出租车费用约为25澳元	—

乘火车

从布里斯班火车站可乘The Sunlander（www.railaustralia.com.au）及全速列车（Tilt Train，到达凯恩斯火车站，火车站距离海滨广场步行只需10分钟。

凯恩斯亮点速览

景 凯恩斯博物馆

凯恩斯博物馆（Cairns Museum）综合介绍了凯恩斯自原住民时期到现代农业发展的历史状况，从中可以了解到凯恩斯早期的面貌。博物馆在2016~2017年进行维护装修，在2017年6月对外开放的博物馆以全新的姿态迎接游人。

旅游资讯

- 🏠 13 Grafton Street,Cairns
- 📞 07-40515582
- 📍 乘坐110、111、121、123、130等路巴士可到
- 🕐 周一至周五10:00~15:00
- 💲 5澳元
- 📶 www.cairnsmuseum.org.au

景 佛烈科植物园

佛烈科植物园（Flecker Botanic Gardens）拥有120多年的历史，以100多种棕榈树及其他各种热带植物而闻名，游客能在这里了解到热带植物的进化历史。

旅游资讯

- 🏠 Collins Avenue Edge Hill,Cairns
- 📞 07-40443398
- 📍 从Sheridan St.往北从Collins St.左转可到
- 🕐 周一至周五7:30~17:30，周末8:30~17:30
- 💲 免费

景 凯恩斯区画廊

凯恩斯区画廊（Cairns Regional Gallery）是一个艺术气息浓厚的地方，展品以本地艺术家的作品为主，其中包括一些原住民的珍贵艺术品，这些作品深刻反映了当地人的的思想，是了解本地文化的好去处。

旅游资讯

- 🏠 40 Abbott St.,Cairns
- 📞 07-40464800
- 📍 从凯恩斯博物馆途经Grafton St.、Spence St.和Abbott St.可到
- 🕐 周一至周五9:00~17:00，周六10:00~17:00，周日10:00~14:00
- 💲 成人5澳元，每月的第一个周六免费
- 📶 www.cairnsregionalgallery.com.au

景 玻璃穹窿顶野生动物园

　　玻璃穹窿顶野生动物园（Wildlife Dome）是一个拥有圆形玻璃顶的室内动物园，园内有多种热带植物。漫步在小路上，可看到各种鸟类、两栖类及爬虫类等动物，当然，也不要忘记抱着考拉拍张照。

旅游资讯

🏠 35-41 Wharf St.,Cairns
📞 07-40317250
📍 乘坐110、111、113、121、123等路巴士可到
🕐 周日至周五9:00～18:15
💲 24澳元
🌐 www.cairnsdome.com.au

景 凯恩斯热带动物园

　　凯恩斯热带动物园（Cairns Tropical Zoo）内生活着袋鼠、考拉、鳄鱼等澳大利亚本土动物，以及红熊猫和环尾狐猴等国外引进的珍稀动物。在动物园中不仅可以观赏那些罕见的动物，也不能错过每天的动物表演。

旅游资讯

🏠 Captain Cook Highway
📞 07-40553669
📍 乘坐110路巴士可到
🕐 8:30～17:00
💲 37澳元
🌐 www.cairnstropicalzoo.com.au

景 拜伦峡谷国家公园

　　拜伦峡谷国家公园（Barron Gorge National Park）因拜伦瀑布（Barron Falls）而闻名，瀑布从250米高的山上直泻而下，十分壮观。另外，公园还拥有美丽的峡谷景色，吸引了很多摄影爱好者前来。

旅游资讯

🏠 凯恩斯东北面15公里处
📍 可在凯恩斯乘坐到库兰达的旅游列车，在拜伦峡谷国家公园下车

澳大利亚穷游也行

布里斯班 → 大堡礁

来回交通

从布里斯班可乘坐飞机前往汉密尔顿岛大堡礁机场（Hamilton Island Airport,HTI）；也可先从布里斯班乘坐飞机前往凯恩斯，然后乘船或直升机从凯恩斯大堡礁船队码头及附近前往，乘船需1~2小时、乘直升飞机需20分钟左右即可到达外堡礁的海上浮动平台。

大堡礁亮点速览

景 大堡礁

大堡礁（Great Barrier Reef）是世界上最大、最长的珊瑚礁群，聚集着成千上万的海洋生物，可谓是海洋动物的天堂。风平浪静之时，可乘游船观赏那绵延不绝、色彩斑斓的珊瑚景色，还可进行深水潜水、浮潜、帆船运动、租船航游、游艇游览和探险航行等运动及游览项目。

旅游资讯

🏠 纵贯于澳大利亚东北沿海
🛜 www.greatbarrierreef.org

景 大堡礁群岛

大堡礁聚集着900多个神奇的岛屿，你可选择在岛屿上露营，进一步亲近大自然；可造访岛屿上的大堡礁教育中心和科研工作站，聆听关于大堡礁的相关介绍；也可亲眼目睹鸟儿和海龟筑巢的自然奇迹；或者在小岛边潜水或者浮潜，观赏美丽的珊瑚；在Torres Strait这个小岛上了解岛屿原住民文化也是不错的选择。

布里斯班 → 阳光海岸

来回交通

乘火车

　　从布里斯班可乘坐火车前往阳光海岸Nambour火车站，运行时间约2小时，票价约11澳元。然后有接驳巴士通往阳光海岸各个区域。

乘巴士

　　澳大利亚灰狗巴士公司和Premier Motor Sewice每天有从布里斯班至阳光海岸城镇马卢奇郡（1.5小时、19澳元）和努萨（2.5小时、24澳元）的班车。Suncoast Pacific提供从布里斯班罗马街客运中心和机场至阳光海岸各城镇的班车，用时2～3小时。

阳光海岸亮点速览

景 阳光海岸

　　阳光海岸由20多个大小沙滩组成，从南部的卡伦德拉（Caloundra）至努沙（Noosa）再到北部库鲁拉海岸（Cooloola Coast）的彩虹沙，绵延100多公里。

卡伦德拉

　　卡伦德拉（Caloundra）是阳光海岸的最大城市，有6个著名的海滩。

努沙

努沙（Noosa）位于阳光海岸
北部，被《澳大利亚国家地理》
杂志评为澳大利亚八大冲浪胜地
之一。每年的3月，这里都会举办
国际冲浪节。

费沙岛

费沙岛（Fraser Island）位于
阳光海岸北部，是世界上最大的沙
岛，其东海岸是绵延70公里的海
滩，风光十分秀美。此外，岛上还
有众多美丽的湖泊，最有代表性的
是马凯斯湖（Lake Machenzie）。

旅游资讯

🏠 昆士兰州中南部

购 努萨农贸市场

你可在努萨农贸市场（Noosa
Farmers Market）找到阳光海岸最
优质的产品，包括新鲜水果、蔬菜和
新鲜出炉的面包、手工奶酪、当地海
鲜等，都让你忍不住嗨购一番。

旅游资讯

🏠 155 Weyba Rd.,Noosaville
📞 418-769374
📍 从Noosa Junction乘坐628、632路巴士
可到
🕐 周日7:00~12:00
📶 noosafarmersmarket.com.au

购 尤姆迪市场

尤姆迪市场（Eumundi Mark-
et）是吃货的天堂。这里的食物新
鲜美味且品种丰富，如果你想选购
一些海鲜或肉类，记得带上冰袋。

旅游资讯

🏠 80 Memorial Drive,Eumundi
📞 07-54427106
📍 从Noosa Junction乘坐631路巴士可到
🕐 周三8:00~13:30，周六7:00~14:00
📶 www.eumundimarkets.com.au

布里斯班 → 圣灵群岛

来回交通

乘飞机

可从布里斯班乘飞机前往
大堡礁机场，或者前往圣灵群
岛海岸机场（Whitsundays Coast
Airport,PPP）。

乘火车

从布里斯班乘坐Sunlander或全速列车（Tilt Train）前往圣灵群
岛上的城镇Proserpine，然后再换乘巴士前往艾尔利海滩或者游船前
往各岛屿。

圣灵群岛亮点速览

景 心形礁

心形礁（Heart Reef）位于圣灵群岛的礁石群中，历经岁月沧桑形成了一个唯美的心形，到圣灵群岛乘坐水上飞机看心形礁已成为大多数人的必游项目了。

旅游资讯

🏠 Great Barrier Reef
📞 07-49453967
📶 tourismwhitsundays.com.au

景 白色天堂海滩

白色天堂海滩（Whitehaven Beach）可谓是澳大利亚的最上镜海滩，洁白的沙滩和蓝色的海水融为一体，恍若天堂般美丽。可以坐水上飞机或者游船观赏沙滩美景。

旅游资讯

🏠 Whitsunday Island
📍 可乘船或水上飞机前往

景 哈密尔顿岛

哈密尔顿岛（Hamilton Island）是圣灵群岛有人居住的岛屿中面积最大的一个，也是澳大利亚有名的蜜月岛。

旅游资讯

🏠 In the heart of the Whitsundays,Hamilton Island
📍 从艾尔利海滩沙特港码头乘坐渡轮前往
📶 www.hamiltonisland.com.au

景 艾尔利海滩

艾尔利海滩（Airlie Beach）是去圣灵群岛的必经之地，拥有美丽的海滨风光。

旅游资讯

🏠 259 Shute Harbour Road,Airlie Beach
📶 www.airliebeach.cn

布里斯班 → 汤斯维尔

来回交通

乘飞机

可从布里斯班国际机场乘坐飞机前往汤斯维尔机场（Townsville Airport,TSV），约需2小时。

汤斯维尔机场信息	
地址	Garbutt,Townsville
电话	07-47273211
网址	www.townsvilleairport.com.au

乘火车

Sunlander运行往返汤斯维尔和布里斯班的火车，约需24小时。

汤斯维尔亮点速览

景 珊瑚礁水族馆

　　珊瑚礁水族馆（Reef HQ）是汤斯维尔最著名的水族馆，生活着很多来自大堡礁的海洋动物及珊瑚，以及一系列再造珊瑚礁。在中央玻璃水箱内可以看到很多色彩缤纷的小鱼，以及大型的鲨鱼和锯鲛。此外，还可通过馆内大量的材料说明更深入地了解大堡礁。

旅游资讯

🏠 2-68 Flinders Street,Townsville
📞 07-47500800
📍 乘坐200、201、206路巴士可到
🕐 9:30～17:00
💲 28澳元
🛜 reefhq.com.au

景 昆士兰热带博物馆

　　昆士兰热带博物馆（Museum of Tropical Queensland）陈列有众多珊瑚和雨林展品、各种精致的模型，以及互动式展品，其中最大的亮点就是潘多拉号轮船（HMS Pandora）的复制品，这艘船于1791年在附近海岸失事。除此之外，这里还有澳大利亚原住民的相关展品。

旅游资讯

🏠 70-102 Flinders Street,Townsville

📞 07-47260600
📍 从珊瑚礁水族馆向西前行约100米可到
🕐 9:30～17:00
💲 15澳元
🛜 www.mtq.qm.qld.gov.au

景 城堡山

　　城堡山（Castle Hill）是俯瞰汤斯维尔和海岛美景的最佳之处。找一个温度适宜的天气，绕着专门为驾车人士准备的公路上山，饱览汤斯维尔市景，是很不错的体验。

旅游资讯

🏠 Castle Hill Road,Townsville
📍 乘坐205/215路巴士可到

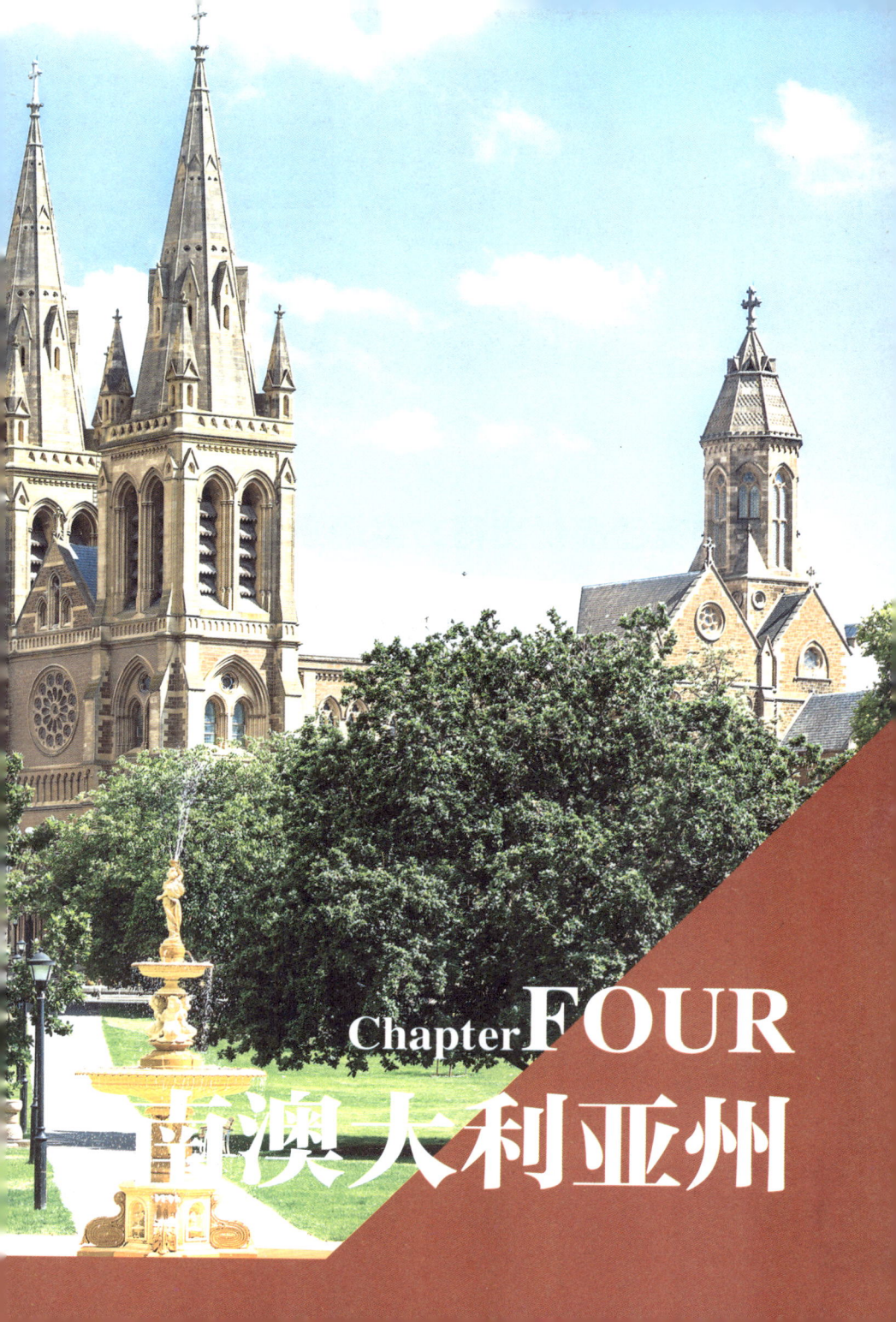

Chapter **FOUR**

南澳大利亚州

阿德莱德

阿德莱德最优出行方案速查

机场到市区

阿德莱德国际机场（Adelaide National Airport,ADL）位于市中心以西7公里。从悉尼乘飞机到阿德莱德需要2小时10分钟，从墨尔本乘飞机到阿德莱德需要1小时25分钟。

阿德莱德国际机场信息	
地址	1 James Schofield Dr.,Adelaide
电话	08-83089211
网址/二维码	www.adelaideairport.com.au

机场至市区交通			
交通方式	介绍	票价	省钱攻略
机场巴士（Shuttle Bus）	运行机场到阿德莱德市区主要的酒店、商业区以及郊区，运行时间为周一至周五6:00～21:00，周六6:00～18:00，周日6:00～17:00	10澳元	团队预订会有折扣
出租车	从机场到市区会收取2澳元的增值税	费用一般为20澳元	2个人以上坐出租车更划算
JetBus	往返于机场、阿德莱德市区和部分郊区站点（格莱内尔格、West Beach）	约5澳元	可购买3日通票（25.6澳元），持有该票可连续3天无限次乘坐指定范围内的巴士、火车和电车

乘坐免费交通工具

　　阿德莱德中央商务区（CBD）很小，步行游览很便捷。另外，在市区还有一些免费的交通工具可以乘坐，如免费电车和免费巴士，可前往市区和近郊大部分景点。

TIPS 你可在Adelaide Metro Info Centre（2/10 Currie St.,Adelaide；1300-311108）获取相关的交通信息和线路指南。

　　另外建议从阿德莱德公共交通官网上获取交通信息。

阿德莱德公共交通官网：www.adelaidemetro.com.au

免费电车

阿德莱德市内有一条古老的有轨电车路线，从市中心连接到格莱内尔格海滨。电车的两头线路均免费，格莱内尔格免费区域为最后3站Moseley

Square、Jetty Road、Brighton Road，城市免费区域为Entertainment Centrec至South Terra的11站。具体的电车信息可在www.adelaidemetro.com.au/routes/Tram上了解。

免费巴士

98A、98C、99A、99C是阿德莱德4条免费的巴士线路，基本覆盖了所有景点。其中98A、98C是连接市区和北部郊区的大环线，99A、99C是连接市区的小环线。

使用Metrocard

在阿德莱德，可购买Metrocard，该卡通用于阿德莱德的巴士、电车和火车。你可从信息中心、自动售票机和Metrocard Agents购买Metrocard，初次购买最少充值5澳元。

Metrocard票价及信息		
类型	高峰期（平日9:00之前15:00之后以及每周六）	非高峰期（周一至周五9:00～15:00，每周日及公共假期）
Metrocard（普通卡）	3.54澳元	1.94澳元
Metrocard（确定2个乘车点）	1.92澳元	1.48澳元
普通票（2小时内乘坐）	5.3澳元	3.4澳元
区域票（确定2个乘车点）	3.3澳元	2.2澳元
1日票（有效期24小时）	10澳元	
3日票（有效期72小时）	25.6澳元	
28日票	121.8澳元	

阿德莱德玩点速览+线路推荐

玩点速览

南澳大利亚博物馆

南澳大利亚博物馆（South Australian Museum）是重要的自然历史和文化博物馆，以著名的澳大利亚原住民文物典藏而闻名。博物馆具备互动功能，从中可以更加深入地了解原住民生活中的创新与适应环境的天性。

旅游资讯

🏠 North Terrace,Adelaide
📞 08-82077500
📍 乘坐140、147、150、155等路巴士到Stop G3 North Tce-North Side下可到
🕐 10:00～17:00，澳新军团日12:00～17:00，受难节及圣诞节关闭
📶 www.samuseum.sa.gov.au

南澳大利亚艺术馆

南澳大利亚艺术馆（Art Gallery of South Australia）是一座著名的艺术殿堂，展出澳大利亚艺术史上优秀的艺术作品，其中很多是反映澳大利亚生活方式的经典之作，具有很高的观赏价值。

旅游资讯

🏠 North Terrace,Adelaide
📞 08-82077000
📍 乘坐144、147、150、155等路巴士到Stop G3 North Tce-North Side下可到
🕐 10:00～17:00，圣诞节关闭
📶 www.artgallery.sa.gov.au

澳大利亚国家葡萄酒中心

澳大利亚国家葡萄酒中心（National Wine Centre of Australia）是一座集展览、教育、餐饮于一体的多功能中心，也是阿得莱德大学酿酒与葡萄栽培教育中心之一。在这里，除了可以品尝地道的澳大利亚葡萄酒外，还可近距离观察酿酒工人工作的场景。

旅游资讯

🏠 Hackney Rd.,Adelaide
📞 08-83033355
📍 乘坐99C免费巴士在East Terrace站下车步行可到
🕐 周一至周五8:00～21:00，周末及公共假期周六9:00～21:00
💲 免费
📶 www.wineaustralia.com.au

阿德莱德动物园

阿德莱德动物园（Adelaide Zoo）是一个很古老的动物园，有1400多只来自澳大利亚本土和世界各地的动物。动物园为动物们营造最为原始、最接近自然的生活环境，详细划分了相应的动物区域，游览起来十分便捷。此外，园中还有著名的南澳热带雨林展区。

旅游资讯

🏠 Frome Rd.,Adelaide
📞 08-82673255
📍 从北大街（North Terrace）东端沿 Frome St.向北步行5分钟可到
🕐 9:30～17:00
💲 34.5澳元
📶 www.adelaidezoo.com.au

黑氏巧克力厂

黑氏巧克力厂（Haigh's Choc olatesVisitors Centre）创立于1915年，是现今世界上屈指可数的仍直接从自己烘烤的可可豆中纯手工制作巧克力的制作商之一。在这里，你可参加时长20分钟的免费参观游项目，观看古老的巧克力的制作方法，还可在品尝室品尝美味的巧克力。

旅游资讯

🏠 154 Greenhill Road,Parkside,Adelaide
📞 08-83727037
📍 从蓝道购物街步行可到
📶 www.haighschocolates.com.au

阿德莱德植物园

阿德莱德植物园（Adelaide Botanic Garden）拥有众多澳大利亚和马来西亚植物，还设有南半球最大的温室以及美丽的玫瑰花园。

旅游资讯

🏠 North Terrace,Adelaide
📞 08-82229311
📍 从澳大利亚国家葡萄酒中心步行约4分钟可到
🕐 开门周一至周五7:15，周末及公共假期9:00；关门12月至次年1月19:00，2～3月、10～11月18:30，4月、9月18:00，5月、8月17:30，6～7月17:00
💲 免费
📶 www.botanicgardens.sa.gov.au

灯塔眺望台

灯塔眺望台（Light's Vision）是蒙蒂菲奥里山（Montefiore Hill）上的一个眺望台，视野十分开阔。当年威廉·莱特奉维多利亚女王之命，主导阿德莱德的建设工作，后将他的铜像伫立于此，灯塔眺望台也因此而闻名世界。

旅游资讯

🏠 Pennington Terrace, North Adelaide
📞 08-82037203
📍 乘坐免费巴士98C可到

德国村

德国村（Hahndorf）是1839年建立的德裔聚居村落，处处充满着浓厚的德国风情。在这里能品尝到各种德国美食，如维也纳香肠、德国大肘子，以及正宗的德国啤酒等。另外，遍布主要大街上的画廊、手工艺店和各式纪念品店也不容错过。

旅游资讯

🏠 阿德莱德的东南方向26公里处
📍 在市中心乘坐164、164F、165M、864F等路巴士在德国村54号巴士站下可到

格莱内尔格

格莱内尔格（Glenelg）是一个美丽的海滨小镇，在街道两侧随处可见古老的教堂和奢华的度假别墅。漫步在海滨上，可尽情享受美好的日光浴，不过前来享受阳光最好错过3月底那段时间，因为那时这里往往是最热的。

旅游资讯

🏠 Glenelg Town Hall, Moseley Square, Glenelg（格莱内尔格旅游信息中心）
📞 08-82945833
📍 www.glenelgsa.com.au

墨累河

墨累河（Murray River）是澳大利亚的母亲河，发源于澳大利亚东南部的大分水岭，注入印度洋的大澳大利亚湾，最大的支流为达令河。浩浩荡荡的河水流经悬崖峭壁、高大的红胶树、成片的葡萄园，最后注入大海，河岸景色十分秀美。

旅游资讯

🏠 Murray River, Adelaide
📍 www.murrayriver.com.au

线路推荐

DAY 1

南澳大利亚博物馆 ➡ 南澳大利亚艺术馆 ➡ 澳大利亚国家葡萄酒中心 ➡ 阿德莱德植物

南澳大利亚博物馆 / 观赏巨大的鲸鱼骨架以及原住民收藏品

步行2分钟

南澳大利亚艺术馆 / 欣赏主题展览

步行途经North Terrace和Botanic Rd.，约4分钟

澳大利亚国家葡萄酒中心 / 了解葡萄酒酿制过程

步行4分钟

阿德莱德植物园 / 有个大型的温室

DAY 2

阿德莱德动物园 ➡ 灯塔眺望台 ➡ 黑氏巧克力厂

阿德莱德动物园 / 看本土动物，游览东南亚雨林展示中心

乘坐235、98A路巴士

灯塔眺望台 / 眺望美景

乘坐G21路巴士

黑氏巧克力厂 / 购买一些巧克力小礼盒送人

DAY 3

格莱内尔格 ➡ 德国村

格莱内尔格 / 到海滩玩水、散步、观赏日落美景

168路巴士换乘864路巴士

德国村 / 感受浓郁的德国风情

阿德莱德高性价比住宿地推荐

阿德莱德城市较小，整座城市从东至西驾车仅需20分钟左右，想要入住交通便利的住宿地，推荐住在中央商务区（CBD）、中央市场、蓝道购物街及其附近。

住宿地推荐

高性价比酒店推荐				
名称	地址	网址	参考价格	亮点
Mayfair Hotel	45 King William Street, Adelaide	www.mayfairhotel.com.au	高级大号床间189澳元，豪华双床间219澳元，奢华特大号床间249澳元	俯瞰蓝道购物街，提供免费Wi-Fi、餐厅、咖啡馆和酒廊酒吧
The Playford Adelaide-MGallery by Sofitel	120 North Terrace, Adelaide	theplayford.com.au	标准特大号床间187澳元，高级特大号床间205澳元	位于北大街（North Terrace），距离蓝道购物街450米，提供免费无线网络连接
Peppers Waymouth Hotel	55 Waymouth Street, Adelaide	www.peppers.com.au	客房189澳元，豪华间214澳元	距离中央市场和蓝道购物街仅有5分钟步行路程，每间客房均享有市景

高性价比公寓推荐

名称	地址	网址	参考价格	亮点
Majestic Old LionApartments	9 Jerningham Street, Adelaide	www.majestichotels.com.au	一卧室公寓150澳元，两卧室公寓207澳元，三卧室公寓285澳元	毗邻众多咖啡馆、餐厅和购物场所，提供免费无线网络连接，现代公寓中设有私人厨房和洗衣设施
Franklin CentralApartments	36 Franklin Street,Adelaide	www.franklinapartments.com.au	一卧室公寓118澳元，两卧室公寓178澳元，三卧室公寓246澳元	位于阿德莱德CBD，提供免费Wi-Fi；现代公寓提供设施齐全的厨房以及免费室内电影

高性价比旅馆推荐

名称	地址	网址	参考价格	亮点
Adelaide Granada Motor Inn	493Portrush Rd.,Glenunga,Adelaide	adelaidegranada.com.au	双人间（特别优惠）85澳元，标准双人间90澳元，豪华双人间100澳元	距离阿得莱德市中心仅有10分钟的车程，性价比高，提供免费无线网络和停车位；部分员工会说中文
Adelaide Central YHA	135 Waymouth Street, Adelaide	cn.yha.com.au/Hostels/SA/Adelaide/Adelaide-Backpackers-hostel	双人或双床间，带共用浴室98澳元，带私人浴室118澳元；6床宿舍间1张床位35澳元，4床宿舍间1张床位38澳元	提供免费Wi-Fi、24小时上网处、共用餐室以及自助式厨房，部分员工会说中文

阿德莱德百里挑一的经济餐

歌治尔街（Gouger Street）临近阿德莱德中央市场和唐人街，汇集着各国美食，包括许多亚洲餐厅；诺伍德大道（Norwood parade）有很多历史比悠久的餐厅和咖啡馆；城市东边的蓝道街（Rundle Street）有很多咖啡馆和高档餐厅；墨尔本街（Melbourne Street）是著名的美食街，有多家常风味餐馆。此外，街头随处可见的餐车也是不错的就餐好去处。

TIPS 你可通过右侧网站下载Street Eats APP（安卓版和苹果版）寻找街头餐车。

经济餐馆推荐

Austral

简单的座椅、明净的墙壁围绕着长长的吧台，给人们营造出一种轻松的就餐氛围。这里有炸薯条、浸泡过鲜橙汁的地中海炸羊排，以及美味的啤酒。周末还会提供美味的餐前小吃。

旅游资讯

🏠 205 Rundle St.,Adelaide
📞 08-82234660
🌐 theaustral.com.au

Spats

在这里你可以服服地坐在沙发里，品尝精美的菜肴、热巧克力、咖啡以及优质的南澳大利亚葡萄酒。

旅游资讯

🏠 108 king William Rd.,Adelaide
📞 08-82726170

鸿发烧腊饭店

鸿发烧腊饭店（Hong Fat B.B.Q.Restaurant）位于阿德莱德的唐人街上，虽然店面不是很大，但是却是因为味美价廉而备受当地人青睐。推荐品尝双拼饭、干炒牛肉河粉、海鲜炒面、八珍烩饭。

旅游资讯

🏠 3/75 Grote Street,Adelaide
📞 08-84100908

Concubine

这是一个中国式当代餐厅，美食融合了东方风味以及当地新鲜特产，味道十分独特。此外，在这里购买外卖食物还可享受20%的折扣。

旅游资讯

🏠 132 Gouger St.,Adelaide
📞 08-82128288
📶 concubine.com.au

Good Life

这里的比萨很受欢迎，薄薄的面饼配上鲜美可口的馅料，很是美味，但人较多，一定要记得提前预订。

旅游资讯

🏠 170 Hutt St.,Adelaide
📞 08-82232618
📶 goodlifepizza.com

Lenzerheide Restaurant

这是一个别致的瑞士餐厅，提供优质的服务以及口味上佳的菜肴。每道菜的分量都很足，饭后还可品尝精致的甜点。

旅游资讯

🏠 146 Belair Rd.,Adelaide
📞 08-83733711
📶 www.lenzerheide.com.au

Hahndorf Inn

Hahndorf Inn是阿德莱德德国村十分著名的餐馆，已有150多年历史。在这里，可品尝地道的德国猪肘、香肠及德国黑啤。店内还提供中文菜单及免费Wi-Fi。

旅游资讯

🏠 35 Main Street,Hahndorf
$ 25~30澳元
📶 www.hahndorfinn.com.au

阿德莱德本地人爱去的购物地

阿德莱德的主要购物场所遍布于蓝道购物街及其附近。在蓝道购物街东侧的蓝道街是备受购物行家青睐的购物地，布满了时尚精品店、书店和各类咖啡馆；威廉国王路拥有各色精品店，可找到众多进口和本地服饰、珠宝以及饰品；尤里路（Unley Road）分布着众多精品店、古玩店、艺术馆。

本地人爱去的商场

蓝道购物街

蓝道购物街（Rundle Mall）是一条由户外咖啡厅、树林和现代雕塑组成的风情街，有700多个零售店，其中包括品牌服饰店、书店、超市等，还有3个大型百货公司和十几个购物商城。

旅游资讯

🏠 Rundle Mall,Adelaide
🕐 周一至周四9:00~19:00，周五9:00~21:00，周六9:00~17:00，周日11:00~17:00

海港城

海港城（Harbour Town Adelaide）是澳大利亚首屈一指的厂家直销连锁购物区，位于阿德莱德的这家店毗邻阿德莱德机场，内设有多个超市、咖啡店、家庭用品店和运动休闲服饰店。

旅游资讯

🏠 727 Tapleys Hill Rd.,West Beach
📞 08-83551144
🕐 周一至周三、周五9:00~17:30，周四9:00~21:00，周六9:00~17:00，周日11:00~17:00；澳新军团日12:00~17:00
📶 harbourtownadelaide.com.au

韦斯特菲尔德

韦斯特菲尔德（Westfield）在阿德莱德郊区的马里恩区（Marion）、茶树广场（Tea Tree Plaza）和西湖区（West Lakes）均开设有分店，商品应有尽有。

旅游资讯

🏠 Marion: 297 Diagonal Rd.,Oaklands Park; Tea Tree Plaza: 976 N E Rd.,Modbury; West Lakes: Turner Dr.,West Lakes
📞 08-82981188
📶 www.westfield.com.au

布恩塞德乡村购物中心

布恩塞德乡村购物中心（Burnside Village Shopping Centre）位于距离阿德莱德市区仅5分钟车程的布恩塞德乡村，拥有100多家商铺。

旅游资讯

🏠 447 Portrush Rd.,Glenside
🕐 一般交易时间为周一至周三、周五9:00~17:30，周四9:00~21:00，周六9:00~17:00，周日11:00~17:00；各店的营业时间有所不同，可参考官网
📶 www.burnsidevillage.com.au

本地人爱去的市场

阿德莱德中央市场

阿德莱德中央市场（Adelaide Central Market）上售卖各式各样的商品和特色土特产，包括种类繁多的新鲜水果、蔬菜、海鲜、欧式肉制品等。

旅游资讯

🏠 44-60 Gouger Street,Adelaide
📞 08-82037494
📍 乘坐免费巴士98A/98C或99A/99C在Victoria Square（Grote Street）站下可到
🕐 周二7:00~17:30，周三9:00~17:30，周四9:00~17:30，周五7:00~21:00，周六7:00~15:00
📶 www.adelaidecentralmarket.com.au

弗林德斯市集

每到节日期间，弗林德斯市集（Flinders Street Market）便会开展很多美食活动。同时，该市集也出售各种手工艺品、礼品和衣服，适合边吃边逛。

旅游资讯

🏠 230 Flinders Street,Adelaide
🕐 周六至周日10:00~15:00
📶 www.flindersstreetmarket.com.au

吉尔斯街市

吉尔斯街市（Gilles Street Market）有90多个摊位，出售物品多为珠宝和服饰。此外，还有很多小吃摊，可供人们品尝地道的阿德莱德美食。

旅游资讯

🏠 91 Giles St.,Adelaide
🕐 每月的第三个周日10:00~16:00
📶 gillesstreetmarket.com.au

阿德莱德不花钱的娱乐活动

南澳大利亚州是节庆之州，一年当中有众多丰富多彩的节日，而阿德莱德作为南澳大利亚州的首府，更是拥有众多缤彩纷呈的节庆活动。

不花钱的娱乐活动

阿德莱德艺穗节

每年2～3月会举办热闹的阿德莱德艺穗节（Adelaide Fringe），这是一个多元艺术节庆活动，以新鲜的创意、无限的想象力和有趣的艺术活动而闻名。

旅游资讯

📶 www.adelaidefringe.com.au

圣诞节巡游

圣诞节巡游（Credit Union Christmas Pageant）是阿德莱德有着70多年历史的活动，圣诞节当天，城市的街道将会被彩车、乐队、游行队伍占据。

旅游资讯

📶 www.cupageant.com.au

阿德莱德艺术节

阿德莱德艺术节（Adelaide Festival）每年3月上旬开始举办，是全球最盛大的艺术庆典之一。艺术节期间还会举办文学周（Writers Week），具体活动时间可参考官网。

旅游资讯

📶 www.adelaidefestival.com.au

阿德莱德 → 袋鼠岛

来回交通

从阿德莱德租车或者从阿德莱德中央汽车站乘车，前往杰维斯角（Cape Jervis），用时约1.5小时。然后搭乘Kangaroo Island SeaLink（www.sealink.com.au）公司运行的渡轮前往袋鼠岛上的观光小镇Penneshaw，每天有3个班次（旅游高峰期会增加一些班次），用时45分钟，票价49澳元（提前48小时及以上在网上预订36.75澳元）。

袋鼠岛亮点速览

景 袋鼠岛

袋鼠岛（Kangaroo Island）是澳大利亚第三大岛屿，岛上聚集了众多澳大利亚独特的野生动物，如考拉、袋熊、澳大利亚小企鹅，以及海狮和海豹等，被誉为"没有围栏的动物园"。袋鼠岛拥有无与伦比的自然风光，尤其是在9、10月间岛上野花盛开之时，风景格外美丽。

旅游资讯

🏠 Howard Drive,Penneshaw（袋鼠岛游客中心）

📞 08-85531185

💲 套票（福林德柴斯国家公园+海豹湾+凯利山保育公园+威洛比角保育公园+Cape Borda Lightstation）70澳元

📶 www.tourkangarooisland.com.au

景 海豹湾

在海豹湾（Seal Bay）沿沙滩前进，可看到澳大利亚濒危的海狮群落。这里有3种游览项目，第一种是在栈桥所到达的区域远观海狮；第二种是接近海狮活动的沙滩，有专门的导游，时间为45分钟；第三种是日落时分专门开设的导览，只在12月至次年1月才有，而且需要预约。

旅游资讯

🏠 1140 Seal Bay Rd.,Kangaroo Island
📞 08-85534463
🕐 导游带领参观时间9:00、9:45、10:30、11:15、12:15、13:00、13:45、14:30、15:15、16:00
💲 栈桥参观16澳元，导游带领参观35澳元
📶 sealbay.sa.gov.au

景 福林德柴斯国家公园

福林德柴斯国家公园（Flinders Chase National Park）是看野生动物、探险、露营的好去处。

旅游资讯

🏠 金斯科特西面110公里处
📍 从袋鼠岛自驾途经Playford Hwy和W End Hwy可到
💲 11澳元

景 凯利山保育公园

凯利山保育公园（Kelly Hill Conservation Park）拥有众多

千奇百怪的石灰岩溶洞，可参加Show Cave tour（约40分钟，18澳元）和Adventure Caving tour（约2小时，70澳元）。

旅游资讯

🏠 金斯科特西南面90公里处
📞 08-85534464
🕐 10:15～16:30（游客中心）

景 威洛比角保育公园

威洛比角保育公园（Cape Willoughby Conservation Park）内建有澳大利亚第一座灯塔。可参加导览服务，周四至周一11:30、12:30、14:00（学校假期增加15:00、16:00），约需45分钟，费用为15.5澳元。

旅游资讯

🏠 Penneshaw东南面27公里处
📞 进入灯塔3澳元
🕐 9:00～15:30（游客中心）

阿德莱德 → 芭萝莎谷

来回交通

推荐从阿德莱德自驾前往芭萝莎谷，75公里，约需1小时。此外，也可从阿德莱德中央巴士总站（Adelaide Central Bus Station）乘坐专门前往芭萝莎谷的大巴Barossa Valley Coaches，每天有2班车，周六有1班车。

此外，也可参加从阿德莱德出发前往芭萝莎谷的一日游旅行团。

阿德莱德中央巴士总站信息	
地址	85 Franklin St.,Adelaide
电话	08-82215080

芭萝莎谷亮点速览

景 芭萝莎谷

芭萝莎谷（Barossa Valley）约有150个酒庄和酒窖，是南澳大利亚最古老、品质最高的产酒区之一。除了美味的葡萄酒，这里还以新鲜的季节性产品、传统的农产品市场和屡获殊荣的餐厅而闻名。此外，骑车探索芭萝莎谷是不错的选择。

旅游资讯

🏠 阿德莱德东北60公里处
🛜 www.barossa.com

伊甸谷

伊甸谷（Eden Valley）是享誉全球的葡萄酒产区，主要生产雷司令和莎当妮这两个葡萄酒品种。

芭萝莎农家市场

安格斯顿的芭萝莎农家市场（Barossa Farmers Market）每周六7:30～11:30开放，有30多家摊位，在市场上逛逛，可将芭萝莎谷最新鲜的土特产一网打尽。

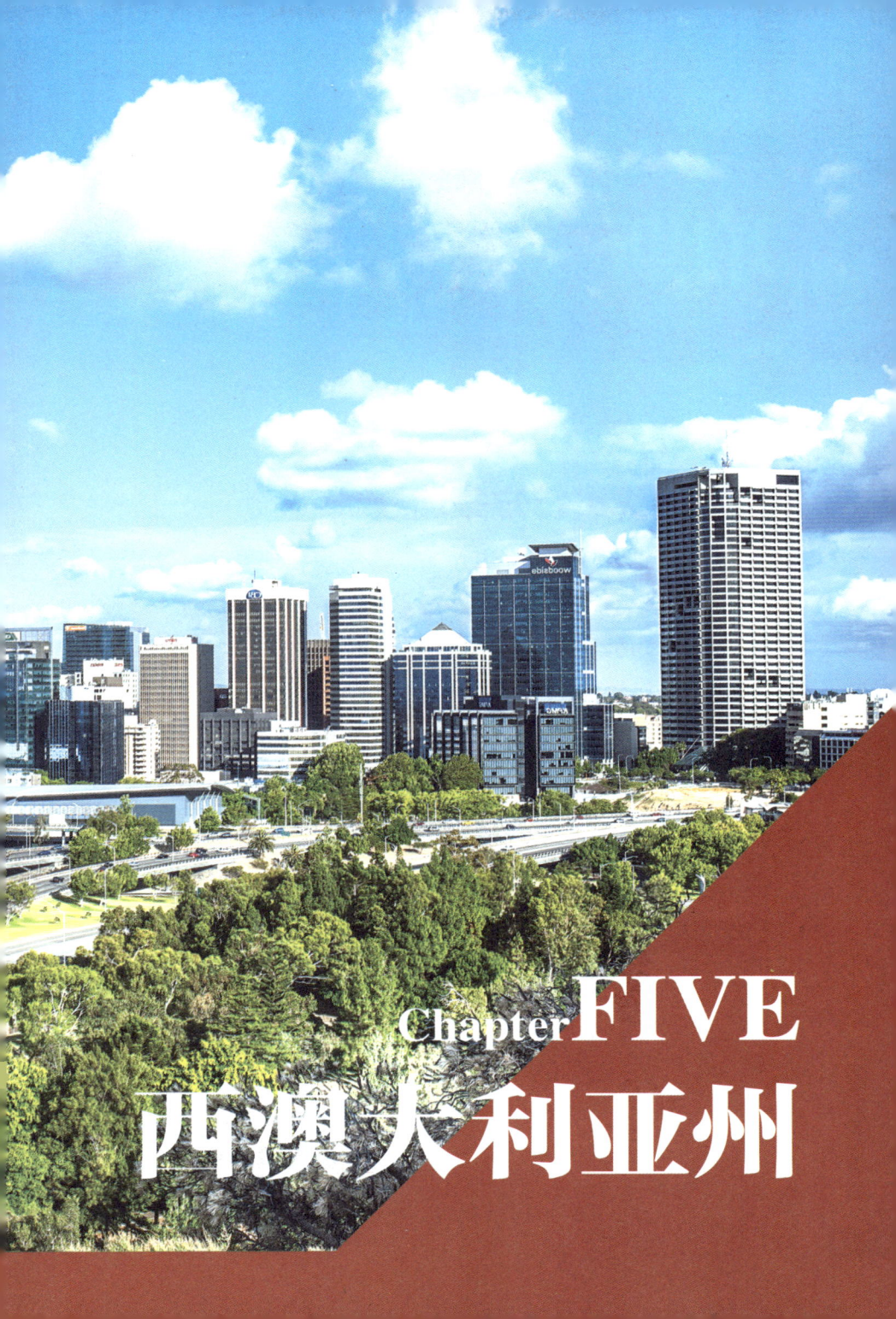

Chapter **FIVE**

西澳大利亚州

珀斯

珀斯最优出行方案速查

飞机

珀斯国际机场（Perth Airport,PER）的T1、T2航站楼和T3、T4航站楼是分开的，其中T1是国际航站楼，T2、T3、T4是澳大利亚国内航站楼，在从珀斯乘坐飞机前往澳大利亚其他城市之前一定要事先查好所出发的航站楼。

珀斯国际机场信息	
地址	珀斯市中心东北部20公里处
电话	08-94788888
网址/二维码	www.perthairport.com.au

机场至市区交通

交通方式	介绍	票价
机场穿梭巴士（Connect Shuttle Bus）	往返于机场到珀斯市区（东珀斯火车站、西澳大利亚博物馆、惠灵顿街珀斯青年旅舍、Kings Perth Hotel、The Ambassador Hotel）之间。机场穿梭巴士只在T3航站楼运行，如果要去T1/T2航站楼，需乘坐免费大巴前往，约需15分钟	单程15澳元
380路巴士	从T1/T2航站楼发车，前往市区的Elizabeth Quay Bus Station、Victoria Park Transfer Station、Burswood Train Station、Belmont Forum Shopping Centre	单程4.2澳元
37、40路巴士	从T3/T4航站楼发车。37路巴士往返于机场附近的巴士站和国王公园之间，途中经过珀斯市中心；40路巴士前往Elizabeth Quay Bus Station	单程4.2澳元
出租车	无需预订，有2澳元的附加费	从机场至市中心约40澳元

免费乘车

免费乘车区域

珀斯市内的巴士、火车和游轮均由Transperth运营，票价根据行程经过的Transperth收费区域（Transperth Fare Zone）而定，购票后在同一收费区再次乘车，2～3小时内免费。

值得一提的是，珀斯市中心是Free Transit Zone，也就是说上下车都在市中心乘车免费。

免费的猫车

　　猫车（Cat Bus）全称为Centre Area Transit，有红猫（红色）、蓝猫（蓝色）、黄猫（黄色）、绿猫（绿色）4种，乘坐任何猫车均免费。一般猫车上面都会有猫的图案，即使是用普通巴士来当作猫车，也都会在车前的屏幕上打出CAT的字样。不同线路的车颜色会有所不同，可以根据颜色分辨需要乘坐的线路。

红猫信息		
主要运行区域	东西环线，从东珀斯的Queens Gardens到西珀斯的Outram St.	
运行时间及发车间隔		
周一至周四（不包括公共假日）	6:00～18:45	约5分钟发一趟车
周五	6:00～19:00、19:10～20:00	6:00～19:00期间约5分钟发一趟车，19:10～20:00期间5～10分钟发一趟车
周末及公共假日	8:30～18:00	约10分钟发一趟车

蓝猫信息		
主要运行区域	南北环线，从巴拉克街码（Barrack Street Jetty）到北桥区（Northbridge）	
运行时间及发车间隔		
周一至周四（不包括公共假日）	6:52～18:52	7～8分钟发一趟车
周五	6:52～18:52、19:00至次日0:15	6:52～18:52期间约8分钟发一趟车，19:00至次日0:15期间约15分钟发一趟车
周六	8:36～19:06、19:21～23:51	8:36～19:06期间约10分钟发一趟车，19:21～23:51期间约15分钟发一趟车
周日及公共假日	8:36～18:26	约10分钟发一趟车

黄猫信息	
主要运行区域	东珀斯到西珀斯环线
运行时间及发车间隔	
周一至周四（不包括公共假日）	6:00~6:30、6:37~18:38	6:00~6:30期间约15分钟发一趟车，6:37~18:38期间约8分钟发一趟车
周五（不包括公共假日）	6:00~6:30、6:37~19:00、19:15~20:00	6:00~6:30、19:15~20:00期间约15分钟发一趟车，6:37~19:00期间约8分钟发一趟车
周末及公共假日	8:30~18:00	约10分钟发一趟车

绿猫信息	
主要运行区域	运行于Leederville Station与Elizabeth Quay Bus Station之间，经过City West、West Perth和St Georges Terrace
运行时间及发车间隔	
周一至周五（Elizabeth Quay Bus Station发车）	6:00~6:40、6:48~19:04	6:00~6:40期间10分钟或15分钟发一趟车，6:48~19:04期间约8分钟发一趟车
周一至周五（Leederville Station发车）	6:00~6:28、6:36~19:00	6:00~6:28期间约15分钟发一趟车，6:36~19:00期间8分钟发一趟车

TIPS 在一些特殊区域，猫车运行时间有所不同；弗里曼特尔区域猫车的运行时间和与市区不同。具体的猫车运行时间和弗里曼特尔区域猫车运行的相关信息可参考www.transperth.wa.gov.au/Timetables/CAT-Timetables。

天鹅河

使用Smart Rider

Smart Rider是一种交通卡，可以用来乘坐Transperth运行的所有交通工具，票价比用现金买普通票便宜15%。可以在Transperth的信息中心和授权的零售店购卡，卡费需要10澳元，最少充值10澳元，该卡不能退卡。

珀斯玩点速览+线路推荐

玩点速览

国王公园

国王公园（Kings Park）因曾是送给英国爱德华国王的礼物，而得名为国王花园，是俯瞰珀斯全景的好去处。公园拥有大面积的自然林地，中央有个酷似皇冠的山顶。此外，公园中还有各种各样的鸟类，以及大规模的西澳野花。每年公园会举办珀斯野花节（Perth Wildflower Festival），节日期间，公园内百花齐放，是看野花的好去处。

旅游资讯

🏠 Fraser Avenue,Perth
📍 乘坐37、39路巴士可到
📶 www.bgpa.wa.gov.au

天鹅河

当年荷兰航海家首次踏上珀斯，就被河边美丽的黑天鹅深深吸引，便将这条河流命名天鹅河（Swan River）。它将美丽的珀斯一分为二，其北岸是有"办公街"之称的圣乔治大道，你可在巴莱克街（Barrack）码头乘船夜游天鹅河，景色很美。

天鹅钟塔

在巴莱克街码头对面有个天鹅钟塔（Swan Bell Tower），除周三和周五外，每天12:00～13:00会举行敲钟仪式。

旅游资讯

🏠 20 Terrace Rd.,East Perth
📶 swanrivertrust.wa.gov.au

西澳大利亚博物馆

西澳大利亚博物馆（Western Australia Museum）主要有恐龙化石展、澳大利亚原住民历史展、西澳大利亚历史文化展、西澳大利亚北部海岸线的海洋生物展等，另外还有一些不定期展出。

旅游资讯

- 🏠 Perth Cultural Centre,James St.,Perth
- 📞 08-92123700
- 📍 乘坐火车到达珀斯站，下车步行可到
- 🕐 9:30～17:00
- 💲 免费
- 📶 www.history.sa.gov.au

西澳大利亚水族馆

西澳大利亚水族馆（Auarium of Western Australia）拥有400多种物种，可在长长的水下隧道中，观赏海龟、鲨鱼、海龙、海月水母、海蛇、海豹等各种海洋动物。

旅游资讯

- 🏠 91 Southside Dr.,Hillarys,Perth
- 📞 08-94477500
- 📍 从市区乘坐火车Joondalup线到Warwick下车，换乘423路巴士至West Coast Dr Hillarys Boat Harbour下车可到
- 🕐 10:00～17:00
- 💲 30澳元
- 📶 www.aqwa.com.au

珀斯铸币厂

珀斯铸币厂（Perth Mint）是澳大利亚仍在运转的最古老的铸币厂，因生产精美的金银纪念币而著名，其中2011年厂内制造的世界上最大、最重和最有价值的金币，打破了皇家加拿大铸币厂的纪录。

旅游资讯

- 🏠 310 Hay St.,Perth
- 📞 08-94217223
- 📍 从市中心火车站步行约20分钟可到，也可乘坐免费巴士红猫或黄猫到达
- 🕐 9:00～17:00
- 💲 19澳元
- 📶 www.perthmint.com.au

日落海岸

日落海岸（Sunset Coast）是一个集海滩、阳光于一体的旅游胜地，也是欣赏日落景致的好地方。在日落海岸分布着众多海滩，其中城市海滩（City Beach）是晒日光浴的好去处，而在特里格海滩（Trigg Beach）上的马米恩海洋公园（Marmion Marine Park）可邂逅海狮、宽吻海豚和座头鲸。

旅游资讯

- 🏠 珀斯东海岸

天鹅谷

天鹅谷（Swan Valley）位于珀斯以北天鹅河畔，是西澳大利亚最古老的葡萄酒产区。夏季是到天鹅谷旅游的最佳时节，可拜访家族经营的葡萄酒庄和精品啤酒厂，和主人聊聊天，了解酒庄的历史；也可到天鹅谷北部的凯维森野生动物园（Caversham Wildlife Park）中与考拉和袋鼠玩耍，或在亨利布鲁克的爬行动物园（The West Australian Reptile Park）中欣赏鳄鱼。此外，你可在游客中心（Swan Valley Visitor Centre）拿一张免费地图，地址为Meadow St. & Swan St.。

旅游资讯

🏠 Swan Valley Winery,261 Haddrill Rd.,Baskerville
📍 从珀斯的巴拉克街码头（Barrack Street Jetty）乘坐天鹅河游船沿着观光路线前往
📶 www.swanvalley.com.au

科特斯洛海滩

科特斯洛海滩（Cottesloe Beach）是珀斯最受欢迎的海滩之一，也是冲浪爱好者的最爱。白色沙滩从海德兰港一直绵延伸100多公里，每天都被潮汐冲刷

得格外干净，可在海滩上漫步，也可以捡随处可见的贝壳。

旅游资讯

🏠 Marine Parade
📍 乘坐381路巴士在Marine Pde Before Princes St站下可到
📶 cottesloe.wa.gov.au

弗里曼特尔

弗里曼特尔（Fremantle）是珀斯重要的港口，同时也是一座历史名城。因拥有高雅的殖民建筑与古色古香的小巷，而显得更加宁静与别具风情，这座小城也因此被誉为"世界上保存最佳的19世纪港口城市"。

旅游资讯

🏠 珀斯市西南19公里
📍 从Canning Bridge Station乘坐111路巴士可到；也可乘坐火车前往
📶 www.fremantlewa.com.au

线路推荐

DAY *1*

国王公园 ➡ 天鹅钟塔 ➡ 珀斯铸币厂 ➡ 西澳大利亚博物馆

- **国王公园** / 欣赏各种鸟类以及西澳独特的野花
- **途经St Georges Terrace步行约11分钟**
- **天鹅钟塔** / 亲身体验敲钟的乐趣
- **从St Georges Tce乘坐24、25、27、103、170等路巴士**
- **珀斯铸币厂** / 跟随免费导游参观各种珍贵的硬币
- **乘坐免费巴士红猫（Red cat）**
- **西澳大利亚博物馆** / 参观免费展览

DAY *2*

科特斯洛海滩 ➡ 弗里曼特尔

- **科特斯洛海滩** / 漫步、游泳、浮潜、钓鱼、冲浪
- **乘坐弗里曼特尔线（Fremantle Line）经过4站**
- **弗里曼特尔** / 逛艺术品店以及市集

DAY *3*

日落海岸 ➡ 天鹅谷

- **日落海岸** / 欣赏落日美景
- **自驾途经Reid Hwy/State Route 3约30分钟**
- **天鹅谷** / 品尝美味的葡萄酒

珀斯高性价比住宿地推荐

在珀斯，建议住在交通便利的市中心/东珀斯区（The Center&East perth）。唐人街及其附近有很多青年旅舍和背包旅馆，语言不通的话可以选择住在这里。珀斯市内停车费用较高，有些酒店提供免费停车位，预订时需注意。

住宿地推荐

高性价比酒店推荐				
名称	地址	网址	参考价格	亮点
Kings Perth Hotel	525 Hay Street, Perth	www.kingshotel.com.au	标准双人间165澳元，带阳台185澳元；高级大号床间215澳元	位于珀斯中央商务区（CBD），提供覆盖公共区的免费Wi-Fi、24小时前台和洗衣服务
Holiday Inn Perth City Centre	788 Hay St., Perth	www.ihg.com/holidayinn	标准间、高级双床间171澳元，豪华间207澳元	位于珀斯中央商务区（CBD），设有覆盖大堂的免费Wi-Fi及24小时前台
Perth Ambassador Hotel	196 Adelaide Terrace, Perth	www.ambassadorhotel.com.au	豪华双人间105澳元，尊贵双人间121澳元，行政套房171澳元	距离维多利亚广场、圣玛利丽大教堂有10分钟的步行路程，提供免费Wi-Fi，部分员工会说中文

高性价比公寓推荐				
名称	地址	网址	参考价格	亮点
Broadwater Resort Apartments	137 Melville Parade, Como, Perth	www.broadwaters.com.au	一卧室公寓178澳元，一卧室阁楼公寓（最多住4人）210澳元	俯瞰天鹅河，设有私人阳台或露台及烧烤设施，提供免费Wi-Fi、汽车租赁服务；客房设有厨房
Citadines St Georges Terrace	185 St Georges Terrace, Perth	citadines.com	豪华一室公寓168澳元，行政一室公寓176澳元	位于珀斯CBD，距离天鹅河仅咫尺之遥，提供免费无线网络连接及机场班车

高性价比旅馆推荐				
名称	地址	网址	参考价格	亮点
Beatty Lodge	235 Vincent St., Perth	beattylodge.com.au	双人间86澳元，标准双床间106澳元，6床宿舍间1个床位36澳元，3床位女性宿舍间1个床位39澳元	距离海德公园有9分钟步行路程，提供烧烤设施、免费停车场、机场班车服务和免费Wi-Fi
Wombat Backpackers	195 Hay Street, Perth	www.wombatbackpackers.com.au	2床宿舍间1个床位22澳元，10床宿舍间1个床位26澳元，8床宿舍间1个床位28澳元，6床宿舍间1个床位29澳元	距离天鹅河有7分钟的步行路程，提供免费无线网络连接、机场班车、烧烤设施、共用厨房和洗衣房

珀斯百里挑一的经济餐

珀斯的街头巷尾遍布各类小酒馆，可在其中找到优惠的食物；想要一边品尝美食一边欣赏美景，可选择在天鹅河、国王公园、科特斯洛海滩附近就餐；弗里曼特尔钓鱼船港（Fremantle Fishing Harbour）以炸鱼薯条而出名，现炸现卖，美味且实惠。

经济餐馆推荐

Friends Restaurant

Friends Restaurant位于天鹅河边，是一家西餐牛排馆，其运用独特的澳大利亚传统料理方式烹制出的牛排，十分可口。

旅游资讯

- 20 Terrace Rd.,Perth
- 08-92210885
- www.friendsrestaurant.com.au

Halo

这里的菜肴均采用高品质的当地食材烹制而成，每道菜肴都十分独特、新鲜。此外，美味的海鲜再配以迷人的海滨景色，营造出了良好的就餐氛围。

旅游资讯

- Barrack St.,Perth
- 08-93254575
- halorestaurant.com.au

汉宫酒家

汉宫酒家（Han Palace）是地道的中国菜馆，菜肴拥有过硬的质量和足够的分量，着重推荐蟹钳、素食春卷、蒙古羊肉等。此外，这里还有各种葡萄酒。

旅游资讯

- 73-75 Bennett Street,East Perth
- 08-9325888
- www.hanpalacerestaurant.com.au

Matilda Bay Restaurant

这里的食物美味且种类丰富，尤其是海鲜，有很多品种可供选择。坐在靠窗的位子上，还可欣赏天鹅河美景。

旅游资讯

- 3 Hackett Dr.,Perth
- 08-94235000
- matbay.com.au

珀斯本地人爱去的购物地

　　国王街（King St.）、波弗特街（Beaufort St.）、韩德森街（Henderson St.）聚集了各种高端时尚精品店，在墨累和干草街（The Murray and Hay St.）的购物中心中可找到许多知名品牌，在北桥（Northbridge）、蒙特罗里（Mount Lawley）、维多利亚公园（Victoria Park）可找到多个商场。

　　珀斯商场的营业时间通常为周一至周三、周五9:00～17:30，周四9:00～21:00，周六9:00～17:00，周日11:00～17:00。

本地人爱去的商场与商店

Karrinyup Shopping Centre

　　这是一个大型的购物场所，有多家精品店，可谓是珀斯的"购物者天堂"。此外，这里还有咖啡馆和美食广场。

旅游资讯

🏠 200 Karrinyup Rd.,Karrinyup
📞 08-94451122
📶 www.karrinyupcentre.com.au

Floreat Forum Shopping Centre

　　这是珀斯知名的购物中心之一，拥有90多个专卖店，销售的商品包括各种高档时尚品、珠宝行、化妆品和新潮服装等。

旅游资讯

🏠 1 Howtree Place,Floreat
📞 08-93874722
📶 www.floreatforum.com.au

Garden City Shopping Centre

　　这是一家登山服装知名品牌购物中心，各种登山服装、用具，都可以在这里找到。

旅游资讯

🏠 125 Riseley St.,Booragoon
📞 08-93153699
📶 www.gardencity.com.au

珀斯免税店

　　珀斯免税店（JR/Duty Free）是闻名世界的大型免税商店，在珀斯机场和市区各有一家分店。从中可找到世界知名的品牌商品以及澳大利亚当地纪念品等。

旅游资讯

🏠 机场店Perth International Airport,Perth；市区店772 Hay Street,Perth
📶 jrdutyfree.com.au

其他JR/Duty Free	
地址	电话
Brisbane International Airport,Brisbane	—
Cairns International Airport,Cairns	07-40349355
Darwin International Airport,Darwin	08-89270255
25 King William Street,Adelaide	08-82129266
185 Swanston Street,Melbourne	03-96630533

本地人爱去的集市

弗里曼特尔集市

弗里曼特尔集市（Fremantle Markets）有150多个各具特色的摊位，售卖西澳大利亚各种特产和商品。在这里，可以买到水果和蔬菜，以及回力镖、迪吉里杜管等各种原住民艺术产品。此外，还有珠宝首饰、化妆品、服装、配饰等。

旅游资讯

🏠 Henderson St.,Fremantle
📞 08-93352515
🕐 市场大厅周五9:00～20:00，周六及周日9:00～18:00；市场外部周五8:00～20:00，周六及周日8:00～18:00
🛜 www.fremantlemarkets.com.au

珀斯文化中心集市

每逢周末，珀斯文化中心（Perth Cultural Centre）都会有很多小贩摆摊，在这里，可以买到各种西澳大利亚土特产，如各种鲜花、艺术品、时装、珠宝等。

旅游资讯

🏠 James St Mall & Roe St.,Perth
📞 08-94926622

Perth City Farmers Market

有40多个摊位，可购买到各种当地农产品。

旅游资讯

🏠 1 City Farm Pl.,East Perth
📞 08-93257229
🕐 周一至周五9:00～16:00，周六8:00～12:00
🛜 www.perthcityfarm.org.au

珀斯不花钱的娱乐活动

珀斯作为西澳大利亚阳光灿烂的首府，每年平均日照高达3000小时，在这里你可尽情享受海滩生活，在天然丛林中探险，观赏海上落日景致等，而这一切你往往可以免费体验。

不花钱的娱乐活动

观赏野花

西澳大利亚拥有12000多种野花，6～11月均可欣赏美丽的野花。每年9月，在珀斯国王公园中，你可以观赏到西澳大利亚最美丽的野花。当然，珀斯为数

珀斯野花观赏电子
指南二维码

众多的自然保护区与国家公园，也是欣赏各种原生野花品种的好去处。更多相关信息可参考珀斯野花观赏电子指南viewer.e-digitaleditions.com/t/52970-tourism-western-australia/1。

探索海滩美景

珀斯附近有19处美丽的海滩，从标志性的科特斯洛海滩到冲浪胜地斯卡波罗（Scarborough），让人眼花缭乱。你可在特里格海滩（Trigg Beach）上的马米恩海洋公园（Marmion Marine Park）观看座头鲸或海豚，也可在城市海滩晒日光浴。

珀斯 → 宁格鲁礁

来回交通

从珀斯乘坐飞机可前往宁格鲁礁附近的里尔蒙斯机场（Learmonth Airport,LEA），时间约需2.5小时；也可以从珀斯自驾前往珊瑚湾（约需11.5小时）或埃克斯茅斯（约需13小时）。此外，报团前往是最便捷的方式。

宁格鲁礁亮点速览

景 宁格鲁礁

宁格鲁礁是世界上最大的岸礁之一，拥有300多种大型的珊瑚礁，以及众多令人惊叹的海洋动物，其中包括鱼类、蝠鲼和海龟。每年3月满月时，珊瑚开始大量产卵，此时景致十分壮美；4~6月间能看到体型庞大的鲸鲨，6~11月间，还会看到迁徙经过此地的座头鲸。在这里浮潜或游泳，或乘坐玻璃底船或在水中畅游，都是不错的体验。此外，从宁格鲁前往珊瑚湾（Coral Bay）或埃克斯茅斯（Exmouth）很便利。

旅游资讯

🏠 via North West Cape, Exmouth
📞 08-99491176
📶 www.visitningaloo.com.au

景 埃克斯茅斯

埃克斯茅斯是该地的主要城镇，也是很多人前往宁格鲁礁的第一停靠站。这里从设备齐全的公寓到背包客旅舍与露营地应有尽有，其中Sal Salis Ningaloo Reef是一个不错的露营地，可俯瞰宁格鲁礁的优美风光。

旅游资讯

🏠 珀斯和布鲁姆之间

珀斯 → 波浪岩

来回交通

乘飞机

波浪岩附近的海登市（Hyden）拥有波浪岩机场（Wave Rock Airport），Kookaburra Air航空公司运行珀斯往返该机场的旅游包机服务，航程为1小时，约需590澳元。

乘长途巴士

在东珀斯车站（East Perth Station）可乘坐Transwa运行的长途巴士前往波浪岩所在的海登市。不过，班次较少，仅在周二（8:00发车，12:40到达，55.1澳元）才有车次去海登，返回珀斯只在周四（13:16发车，18:05到达，55.1澳元）有车次。如果不想在当地停留两个晚上，则可参加旅行团包车前往。更多有关长途巴士的乘坐信息可在www.transwa.wa.gov.au上查询。

自驾

从珀斯自驾前往波浪岩需行驶300多公里，约需4小时。

波浪岩亮点速览

景 波浪岩

波浪岩（Wave Rock）耸立于西澳大利亚中部沙漠中，是北边海顿石及荷马岩、骆驼岩等串联起的风化岩石，它的鬼斧神工，每年都吸引了大批观光游客慕名而来。

旅游资讯

🏠 Hyden
📞 08-98805182（游客中心）
📶 www.waverock.com.au

珀斯 → 金伯利

来回交通

从珀斯国际机场（Perth Airport,PER）乘坐飞机可便捷前往布鲁姆机场（Broome Airport,BME），约需2.5小时。

金伯利亮点速览

景 布鲁姆

布鲁姆（Broome）是著名的珍珠之城，也是通往金伯利荒野的西部通道。这里有著名的凯布尔海滩、唐人街和自然奇观登月银梯（Staircase to the Moon）；在距布鲁姆市区不远处还有甘芬角（Gantheaume Point），在那里可看到至今已有1.3亿年历史的恐龙脚印。此外，在9月至次年4月间，还可在布鲁姆鸟类观察站（Broome Bird Observatory）观赏到数以万计的候鸟。

凯布尔海滩

凯布尔海滩（Cable Beach）拥有绵延22公里的洁白沙滩和清澈的海水。日落时，骑着骆驼漫步在海滩上别有一番趣味。

旅游资讯

🏠 珀斯北面2240公里处

景 普尔努卢卢国家公园

普尔努卢卢国家公园（Purnululu National Park）位于金伯利东部，这里坐落着金伯利最受欢迎的景点邦格尔邦格尔山脉，该山脉已有3.5亿年的历史。你可乘坐直升机或自驾车观赏国家公园的壮美景致，还可搭帐篷露营。

旅游资讯

🏠 Western Australia 6770

景 库努纳拉

库努纳拉（Kununurra）是通往东金佰利和西澳大利亚非凡的自然景点的大门，同时也是激发人们探索精神的好去处，可在这里尽情探索开阔的湖泊、古老的山脊、稀有的粉色钻石和巨大的牛场。

旅游资讯

🏠 75 Coolibah Drive,Kununurra（游客中心）
📶 www.visitkununurra.com

达尔文

达尔文最优出行方案速查

机场到市区

达尔文国际机场（Darwin International Airport,DRW）距离市中心约12公里，国内线和国际线同在一个航站楼中。乘飞机从悉尼到达尔文需要4小时40分钟，从阿德莱德到达尔文需要3小时45分钟，从布里斯班到达尔文需要4小时20分钟。

达尔文国际机场信息	
地址	1 Henry Wrigley Dr.,Darwin
电话	08-89201811
网址/二维码	www.darwinairport.com.au

机场至市区交通		
交通方式	介绍	票价
机场巴士（Shuttle Bus）	主要负责从机场到市区住宿地的接送服务，大多需要提前预订，预约电话为08-89473979。从机场到市区大约需要15分钟	单程16澳元，往返29澳元
出租车	可拨打131008、138294等电话预约出租车	从机场到市区需要25～30澳元，另外需要支付3澳元附加费

购买市内交通通用的车票

达尔文的公共交通网非常发达，3小时内不限次数乘坐车票为3澳元，一日车票为7澳元，一周车票为20澳元。可在巴士总站、旅游信息中心以及一些报刊亭买票。

达尔文玩点速览+线路推荐

玩点速览

达尔文码头区

古老的达尔文码头区（Wharf Precinct）位于市中心最南端的山崖下，是达尔文著名的饮食中心。码头区拥有第二次世界大战时期的储油地道，在里面可以看到一些战时的照片。可以的话找个近水边的位子坐下，给水里的鱼喂些食物，然后点一杯冰镇红酒，边喝酒边欣赏美景，十分惬意。

旅游资讯

🏠 Darwin Wharf Precinct, Darwin
📞 08-89814268
📶 waterfront.nt.gov.au

两百年纪念公园

两百年纪念公园（Bicentennial Park）拥有众多热带树木，在公园前面的Herbert St.尽头立有为了纪念澳大利亚人为国家战争而付出无数心血与努力而建的纪念碑。

旅游资讯

🏠 Darwin City NT 0800
📞 08-89300300

乔治·布朗·达尔文植物园

乔治·布朗·达尔文植物园（George Brown Darwin Botanic Gardens）位于市中心西北部，拥有众多澳大利亚北部季风植物群、本地的热带植物，以及五颜六色的鲜花。

旅游资讯

🏠 Gardens Road,The Gardens Northern Territory,Darwin
📞 08-89811958
📍 乘坐4、6、16、17、19路巴士在Mindil Beach inbound站下可到

北领地博物馆及艺术馆

北领地博物馆及艺术馆（Museum and Art Gallery of the Northern Territory）中有5个常设画廊、一个巡回展画廊以及一些主题展馆，这些展区汇聚了艺术、历史、文化、自然历史以及航海展品。此外，馆内还收藏有很多原住民艺术展品。

旅游资讯

🏠 19 Conacher St.,Darwin
📞 08-89521001
📍 乘坐4、16、18路巴士在East Point 235站下可到
🕐 周一至周五9:00～17:00，周六、周日10:00～17:00
📶 www.magnt.nt.gov.au

东角保护区

东角保护区（East Point Reserve）位于范尼湾海滩以北，现在已成为达尔文著名的自然保护区。在保护区内，可欣赏到亚历山大湖中全年咸水泳池的独特美景以及达德利角壮美的日落。此外，还可在东角军事博物馆中观看生动的轰炸电影画面。

旅游资讯

🏠 Alex Fong Lim Drive,Fannie Bay
📞 08-89300300
📍 乘坐6路巴士到George 303站下可到

利奇菲尔德国家公园

利奇菲尔德国家公园（Litchfield National Park）是达尔文周边最受欢迎的旅游胜地之一。在公园内，可游览汪吉瀑布和托默瀑布，欣赏山谷景色。还可造访历史悠久的布莱斯农庄遗址，观赏珍奇的野生动物和鸟类也不容错过。

旅游资讯

🏠 Litchfield Park Road,Via,Batchelor
📞 08-89994555
📍 从达尔文向南沿Stuart Hmy行驶，在约80公里处向右转进入Batchelor Rd.，然后再行驶约35公里可到
📶 www.litchfieldnationalpark.com

线路推荐

DAY 1

达尔文码头区 ➡ 鳄鱼湾乐园 ➡ 乔治·布朗·达尔文植物园 ➡ 北领地博物馆及艺术馆

达尔文码头区 / 游览达尔文众多历史街区

经过Mitchell St.步行约7分钟

鳄鱼湾乐园 / 近距离接触鳄鱼、海龟等爬行动物

经过Mitchell St.和Gardens Rd.步行约30分钟

乔治·布朗·达尔文植物园 / 骑行观赏各种植物

经过Gilruth Ave.步行约20分钟

北领地博物馆及艺术馆 / 欣赏原住民艺术展品

DAY 2

利奇菲尔德国家公园

东郊保护区 / 在博物馆观看轰炸的电影画面

自驾途经National Highway 1约1小时25分钟

利奇菲尔德国家公园 / 欣赏壮丽的瀑布以及珍奇的野生动物

达尔文高性价比住宿地推荐

住宿地推荐

高性价比酒店推荐				
名称	地址	网址	参考价格	亮点
H Hotel	81 Smith Street, Darwin	www.hhotel.com.au	豪华双床间、高级大号床间119澳元，豪华特大号末间129澳元	距离达尔文机场有15分钟的车程，提供免费Wi-Fi、机场班车服务
Palms City Resort	64 The Esplanade,Darwin	palmscityresort.com	花园美景房间95澳元，标准酒店间99澳元，高级酒店客房115澳元	位于达尔文CBD，拥有绿树环绕的泳池，提供免费无线网络连接，部分员工会说中文

高性价比公寓推荐				
名称	地址	网址	参考价格	亮点
Adina Apartment Hotel Darwin Waterfront	7 Kitchener Drive,Darwin	www.tfehotels.com	一室公寓119澳元，美景尊贵一室公寓151澳元，一卧室公寓159澳元	位于达尔文CBD，每天可免费使用100MB的无线网络；公寓客房均提供设施齐全的厨房
Coconut Grove Holiday Apartments	146 Dick Ward Drive, Coconut Grove, Darwin	coconutgroveapartments.com.au	标准双人间69澳元，带大号床的一卧室公寓79澳元，豪华一卧室公寓110澳元	距离达尔文国际机场有10分钟车程，提供免费Wi-Fi、烧烤设施及室外游泳池，部分员工会说中文；每间客房设有设施齐全的厨房

高性价比旅馆/旅舍推荐

名称	地址	网址	参考价格	亮点
Travelodge Mirambeena Resort Darwin	64 Cavenagh St.,Darwin	—	汽车旅馆经济客房89澳元，标准双人或双床间119澳元，行政双人或双床间149澳元，排屋179澳元	距离达尔文国际机场15分钟的车程，提供免费停车场，设有带瀑布的游泳池，每天可免费使用100MB的Wi-Fi；部分房间设有小厨房
Youth Shack Backpackers Darwin	69 Mitchell Street, Darwin	www.youthshack.com.au	双床间60澳元，宿舍间的单人床位28澳元	位于达尔文CBD，距离达尔文港有5分钟步行路程，提供免费Wi-Fi、共用厨房以及旅游咨询台
YMCA Topend Hostel	7 Doctors Gully Road,Darwin	ymcatopend.org.au	单人间65澳元，6床宿舍间1个床位32澳元	位于达尔文CBD，提供免费烧烤设施、机场班车服务；客房设有私人冰箱和桌椅，并提供厨房用具
Ashton Lodge	48 Mitchell Street,Darwin	—	双人间85澳元，家庭间125澳元，4床宿舍间1个床位30澳元	位于达尔文CBD，距离明迪海滩市场有25分钟的步行路程，设有客用洗衣房和设备齐全的公共厨房

达尔文百里挑一的经济餐

如果你想在达尔文寻找实惠的美食，可逛逛露天集市，或乘船巡游北领地的江河湖海，品尝用新鲜食材烹制的各类美食。此外，在达尔文鱼市场（Darwin Fish Market）也能品尝到各类鲜美海鲜。

经济餐馆推荐

The Cyclone Cafe

这是一个古朴的咖啡馆，价格非常实惠，很受当地人欢迎，推荐牛肉馅饼、烤南瓜和甜菜沙拉。一杯咖啡4～5澳元。

旅游资讯

- 🏠 7 Parap Pl.,Parap,Darwin
- 📞 08-89411992
- 📶 www.cyclonecafe.com.au

Pavonia Place

这是一家当地美食餐厅，提供采用当地新鲜食材烹制的美食，精美的食物与充足的分量为其赢得了很好的口碑。

旅游资讯

- 🏠 2 Pavonia Pl.,Darwin
- 📞 08-89481515
- 📶 www.pavoniaplace.com.au

兴记中国餐厅

兴记（Hingston Chinese Restaurant & Takeaway）是一家正宗的中国餐厅，菜肴种类多，味道正宗，在当地很受欢迎，建议尝尝烤鸭、黑胡椒虾等美食。

旅游资讯

- 🏠 Shop 1,Anula Shopping Centre,Yanyula Drive,Anula,Darwin
- 📞 08-89455057
- 📶 www.hingstonnt.com

Moorish Cafe

这个别致的小餐馆，汇集了地中海、北非以及中东美味。这里推出诱人的餐前美食以及午餐特价菜，晚餐时还会有很多娱乐表演。

旅游资讯

- 🏠 37 Knuckey St.,Darwin
- 📞 08-89810010
- 📶 www.moorishcafe.com.au

达尔文本地人爱去的购物地

达尔文的购物场所多集中在米切尔街（Mitchell Street）、史密斯街（Smith Street）和卡文那街（Cavenagh Street）。

本地人爱去的商场

卡所连纳购物广场

卡所连纳购物广场（Casuarina Shopping Square）拥有200多家零售商店，是达尔文规模较大的购物中心。很多澳大利亚以及世界名牌的专卖店都集中在这里，同时还有电影院及美食阁。

旅游资讯

🏠 247 Trower Road,Casuarina,Darwin
🕐 周一至周四9:00～17:30，周五9:00～21:00，周六9:00～17:00，周日10:00～15:00
📶 www.casuarinasquare.com.au

本地人爱去的市场

达尔文鱼市场

达尔文鱼市场（Darwin Fish Market）主要出售各类的新鲜的海鲜产品。

旅游资讯

🏠 Frances Bay Drive,Fishermans Wharf,Darwin
🕐 周一至周五10:00～17:30，周六、周日10:00～14:00
📶 www.darwinfishmarket.com

名迪海滩黄昏市场

名迪海滩黄昏市场（Mindil Beach Sunset Market）位于名迪海滩上，每当黄昏时分便开始热闹起来。这里出售充满异国风情的手工艺品以及艺术品，还可以在这里品尝美味的亚太美味，以及欣赏独特的乐队和街头剧场形式的表演。

旅游资讯

🏠 Raffles Plaza,2/1 Buffalo Ct,Darwin
📞 08-89813454
🕐 4月最后一个周四至10月最后一个周四，每周四17:00～22:00、周日16:00～21:00
📶 www.mindil.com.au

夜崖集市（Nightcliff Market）上有许多卖手工艺品、水果、蔬菜和各类美食的摊位，同时，还有一些出售环保肥皂、纤维制品以及当地特色服饰的小店。这里的餐饮店很火，尤其是早餐店很受欢迎。

旅游资讯

🏠 159 Dick Ward Dr.,Coconut Grove
📞 周日6:00～14:00
📶 www.nightcliffmarkets.com.au

达尔文不花钱的娱乐活动

达尔文拥有各式各样的旅行体验，你可以进行海湾垂钓、徒步旅行，也可逛逛露天艺术馆，欣赏原住民艺术。此外，感受达尔文精彩纷呈的节庆活动也不错。

不花钱的娱乐活动

徒步

达尔文大部分活动都聚集在滨水区，你可从达尔文市中心步行前往滨水区。在休闲泻湖的水域与开放的海港之间，密集分布着多条步行道和自行车道，你可以散步、骑自行车。如果时间充裕，还可走过葱郁的花园和林地，逛逛商店。此外，还可沿着旅行者步道（Traveler's Walk）追踪历史。

垂钓

达尔文附近拥有优质的深海垂钓水域，每年旱季（5～9月），那些水域便会聚集众多西班牙鲭鱼和长尾金枪鱼；10～12月气候比较温和，此时是拖钓旗鱼和枪鱼的最佳时期。

观看鳄鱼

鳄鱼是北领地最著名的动物，在达尔文周边的野生动物园中随处可见它们的身影，你可在野生动物园中透过玻璃水族箱近距离观赏它们，或在鳄鱼农场看饲养员给它们喂食的场景。

达尔文 → 爱丽丝泉

来回交通

乘飞机

可从达尔文国际机场乘坐飞机前往爱丽丝泉机场（Alice Springs Airport,ASP），约需2个小时。

	爱丽丝泉机场信息
地址	Santa Teresa Rd.,Alice Springs
电话	08-89511211
网址	www.alicespringsairport.com.au
机场至市区交通	可乘坐机场巴士前往市区，单程16澳元，具体信息可参考www.alicewanderer.com.au；出租车乘坐地正对Check-in柜台，从机场前往市区需30~50澳元

乘火车

可以选择在Trainways（132147,www.trainways.com.au）以及Travelword（08-89530344）预订穿越澳大利亚的"汗"（The Ghan）号列车，从达尔文途经凯瑟琳到达爱丽丝泉，约需23小时。达尔文火车站位于East Arm，爱丽丝泉火车站位于George Cres,Ciccone。

乘长途巴士

从达尔文乘坐澳大利亚灰狗巴士公司运营的长途巴士也可前往爱丽丝泉，约需21.5小时，票价约265澳元。

爱丽丝泉亮点速览

景 爱丽丝泉沙漠公园

　　爱丽丝泉沙漠公园（Alice Springs Desert Park）汇集了几乎所有澳大利亚中部地区的动物。除了参观著名的动物外，还可去探索独特的沙漠环境，或者到沙漠夜行动物馆看看。

旅游资讯

🏠 Larapinta Drive,Alice Springs
📞 08-89518788
💲 20澳元
📶 alicespringsdesertpark.com.au

景 爱丽丝泉爬行动物中心

　　爱丽丝泉爬行动物中心（Alice Springs Reptile Centre）有凶猛的特里鳄以及拥有美丽图案的巨蜥、蓝舌蜥蜴和许多其他有趣的蜥蜴。

旅游资讯

🏠 9 Stuart Terrace,Alice Springs
📞 08-89528900
🕐 9:30~17:00
💲 17澳元
📶 reptilecentre.com.au

达尔文 → 凯瑟琳

来回交通

　　可从达尔文乘坐灰狗巴士前往凯瑟琳，约需4小时，票价为70澳元。此外，运行于阿德莱德和达尔文之间的甘号火车途经凯瑟琳。

凯瑟琳亮点速览

景 尼特米卢克国家公园

旅游资讯

🏠 Gorge Rd.,Nitmiluk

　　尼特米卢克国家公园（Nitmiluk National Park）位于凯瑟琳北边，由凯萨琳峡谷（Katherine Gorge）之中的13个峡谷组成，四周被悬崖绝壁环绕，令人叹为观止。此外，这里也是原住民曾驻留的地方，谷壁上的岩画是原住民古老艺术的见证。

达尔文 → 乌鲁鲁-卡塔丘塔国家公园

来回交通

可先从达尔文乘车前往爱丽丝泉，然后从爱丽丝泉乘坐灰狗巴士或者乌鲁鲁大巴（Uluruexpress）前往乌鲁鲁，用时约5小时。从爱丽丝泉也可乘坐飞机前往尤拉拉以北约4公里处的艾尔斯岩机场（Ayers Rock Airport, AYQ）。此外，还可从爱丽丝泉自驾车前往乌鲁鲁。

乌鲁鲁-卡塔丘塔国家公园亮点速览

景 艾尔斯岩

艾尔斯岩（Ayers Rock）又名乌鲁鲁（Uluru），是世界上最大的独立整体岩石，足足比周围的灌木丛林地高出340多米，在红色大地的包围下，遥远而神秘。这块巨石会随着阳光不同角度的照射不断变换颜色。你可在文化中心获取《游客指南和地图》，里面有徒步观光路线，其中环岩石徒步路线很受欢迎。

更多旅游资讯

旅游资讯

🕐 12月至次年2月5:00~21:00，3月5:30~20:30，4月5:30~20:00，5月、8月6:00~19:30，6~7月6:30~19:30，9月5:30~19:30，10月5:00~20:00，11月5:00~20:30

$ 公园25澳元

🛜 www.parksaustralia.gov.au/uluru

景 卡塔丘塔

卡塔丘塔（Kata Tjuta）在艾尔斯岩西边，由36块圆顶岩石聚集而成，又名奥尔加。在深深的山谷与陡峭的崖壁之间，你会发现那个最高的岩石——奥尔加山（Mt Olga）。与艾尔斯岩一样，卡塔丘塔是当地原住民顶礼膜拜的圣地，禁止攀登。

旅游资讯

🕐 从艾尔斯岩沿4号公路向西行驶约40公里可到

$ 与艾尔斯岩使用同一张门票

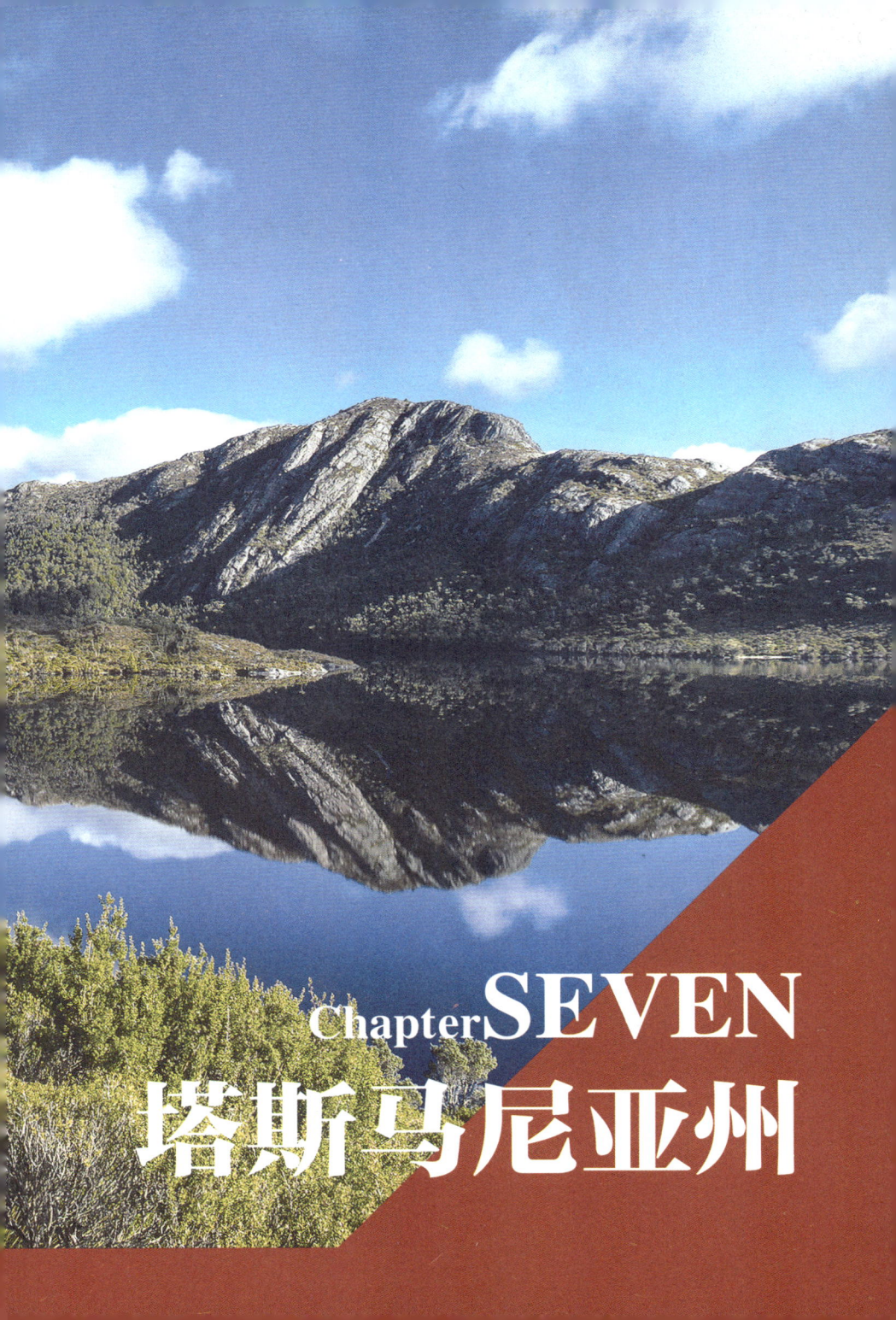

Chapter SEVEN

塔斯马尼亚州

霍巴特

霍巴特最优出行方案速查

飞机

霍巴特国际机场（Hobart International Airport,HBA）位于市区东北部，距离市区约21公里。

霍巴特国际机场信息	
地址	Strachan St.,Cambridge
电话	03-62161600
网址/二维码	hobartairport.com.au

机场至市区交通		
交通方式	介绍	票价
出租车	机场外有出租车等候	前往市区花费通常在50澳元以内

续表

交通方式	介绍	票价
机场巴士 （Shuttle Bus）	在每一班航班降落后会有机场巴士等候，乘坐机场巴士可以抵达市中心和市区周边的酒店、青年旅舍和民宿。前往霍巴特市区需要20～30分钟	单程16澳元，往返29澳元

使用Green Card

　　霍巴特的市内公交车由Metro公司（www.metrotas.com.au）运营，可在巴士上用现金向司机买票，单程票价根据路程长短2.8～6澳元，1日票为5澳元。

　　如果你在塔斯马尼亚岛停留时间较长，建议办一张Green Card，可通过Metro公司官网申请该卡。

霍巴特玩点速览+线路推荐

玩点速览

宪法码头

　　宪法码头（Constitution Dock）是霍巴特的标志性区域，保留了众多古老建筑，在码头附近还停留着许多黄色或蓝色的轮船，出售各种美味的海鲜。如果时间充足，还可以上船观景，十分惬意。

旅游资讯

🏠 14 Argyle Street,Hobart
📞 03-62310469
📶 乘火车在Hobart Freight Terminal下可到

萨拉曼卡广场

萨拉曼卡广场（Salamanca Place）位于滨水区的中心区域，是一个集美食、艺术、购物和音乐于一体的完美胜地。在广场后面是有着现代风格的萨拉曼卡中心，在其露天庭院中跳支舞是很不错的体验。此外，新年期间，以萨拉曼卡广场为中心的滨水区会举行盛大的塔斯马尼亚美食节（Taste of Tasmania Festival），在长达一周的时间内你可在此品尝到各种塔斯马尼亚美食。

旅游资讯

- 🏠 Salamanca Pl.,Hobart
- 📍 沿霍巴特码头向南步行10分钟可到
- 📶 www.salamanca.com.au

巴特里角

巴特里角（Battery Point）是霍巴特为古老的住宅区，在殖民地时期这里是座热闹的小渔村。当你漫步在酒吧、教堂、老房子，以及那些保存完好的弯曲街道之中时，会感觉十分惬意。

旅游资讯

- 🏠 Sandy Bay Rd/Hampden Rd.,Hobart
- 📍 乘坐402、426、429路巴士可到
- 📶 www.batterypoint.net

塔斯马尼亚博物馆和美术馆

塔斯马尼亚博物馆和美术馆（Tasmania Museum & Art Gallery）详细介绍了塔斯马尼亚的历史生活状况。除了丰富的珍贵展品外，馆内还展示有当地原住民的相关资料以及精美的塔斯玛尼亚虎复制品。

旅游资讯

- 🏠 5 Argyle St.,Hobart
- 📞 03-62114134
- 📍 从游客中心出发沿Davey Street向码头方向步行2分钟可到
- 🕐 周二至周四10:00～16:00，受难节、澳新军团日和圣诞节关闭
- 💲 免费
- 📶 www.tmag.tas.gov.au

塔斯马尼亚恶魔公园

塔斯马尼亚恶魔公园（Tasmanian Devil Conservation Park）是为塔斯马尼亚恶魔设立的救助中心。塔斯马尼亚恶魔是塔斯马尼亚袋獾的外号，因其长相及恶魔般的尖叫声而被称为恶魔，是濒临灭绝的一种动物。除此之外，还可在公园内看到金色负鼠等塔斯马尼亚特有动物。每天10:00～11:00是喂食塔斯马尼亚袋獾的时间。

旅游资讯

🏠 5990 Arthur Highway,Taranna
📞 1800-641641
📍 从市区沿West Tamar Highway向西北
   行驶然后拐入Ecclestone Road向西行
   驶可到
🕐 9:00~17:00，夏天9:00~18:00
💲 33澳元
📶 www.tasmaniandevilpark.com

卡斯卡特啤酒厂

　　卡斯卡特啤酒厂（Cascade
Brewery）是霍巴特人最喜爱的
啤酒厂，其气势恢宏的哥特式
石造建筑至今仍保留着原来的
模样。

旅游资讯

🏠 131 Cascade Road,South Hobart
📞 03-62218300
📍 从市区沿Davey Street向西南方向行驶，
   转入Cascade Road，再拐入McRobies
   Road及Degraves Street可到
🕐 10:00~16:00
💲 25澳元
📶 www.cascadebreweryco.com.au

惠灵顿山

　　惠灵顿山（Mount Wellington）
高大伟岸的山脉环绕着霍巴特，
拥有得天独厚的地理位置，是
游人观赏霍巴特的首选地。在
山顶上有个瞭望台，在此可俯瞰
整个霍巴特以及德元河（Derwent
River）的美景。

旅游资讯

🏠 Pinnacle Rd.,Wellington Park
📍 驾车或乘坐定期行驶的旅游巴士前往惠灵
   顿山顶，约需20分钟

亚瑟港

　　亚瑟港（Arthur Port）位于
霍巴特东部的塔斯曼半岛，曾是
个令人闻之丧胆的监狱港，现在
已成为一个旅游胜地。在这里，
你可以进行冲浪、划橡皮艇、丛
林徒步旅行等户外活动。此外，
可从亚瑟港步行到新月湾
（Crescent Bay），这是个很隐蔽
的港湾，很值得游览。

旅游资讯

🏠 Port Arthur Historic Site/Arthur
   Highway,Port Arthu
📍 从霍巴特出发向东沿Tasman Highway
   行驶1个多小时可到达游客中心
🕐 游客中心：10月至次年4月1日9:00~
   22:00，4月2日~9月9:00~21:00
💲 37澳元
📶 www.portarthur.org.au

线路推荐

DAY 1

宪法码头➡塔斯马尼亚博物馆和美术馆➡萨拉曼卡广场➡巴特里角

宪法码头 / 欣赏古老的建筑

沿Davey St.步行约150米

塔斯马尼亚博物馆和美术馆 / 免费参观丰富的馆藏，还有为儿童设计的亲子活动专区

沿Morrison St.步行约650米

萨拉曼卡广场 / 周六可逛萨拉曼卡市场

沿Runnymede St.和Colville St.步行约800米

巴特里角 / 澳大利亚最古老的住宅区

DAY 2

卡斯卡特啤酒厂➡惠灵顿山

卡斯卡特啤酒厂 / 澳大利亚最古老的酿酒厂

自驾约需25分钟

惠灵顿山 / 俯瞰霍巴特城市美景

DAY 3

塔斯马尼亚恶魔公园➡亚瑟港

塔斯马尼亚恶魔公园 / 观看塔斯曼尼亚袋獾

自驾约需19分钟

亚瑟港 / 探索世界文化遗产

霍巴特高性价比住宿地推荐

住宿地推荐

高性价比酒店推荐				
名称	地址	网址	参考价格	亮点
Central Hotel Hobart	73 Collins Stree, Hobart	centralhotelhobart.com.au	双人间133澳元，经济双人或双床间（含早餐）143澳元，双床间160澳元	距离萨拉曼卡市场有10分钟步行路程，提供免费无线网络连接，设有酒吧和咖啡厅，周五和周六晚上提供娱乐节目
Macquarie Manor Hotel	172 Macquarie Street,Hobart	macmanor.com.au	经济大号床间140澳元，Queen Heritage客房180澳元	位于霍巴特CBD中心，距离萨拉曼卡广场有5分钟步行路程，提供免费的非公路停车场、Wi-Fi及行李寄存服务
Carlyle Hotel	232 Main Road, Hobart	www.carlylehotel.com.au	双床间90澳元	距离市中心有8分钟车程，设有儿童游乐场和台球桌，提供免费Wi-Fi和免费停车场

高性价比旅馆/旅舍推荐				
名称	地址	网址	参考价格	亮点
River front Motel & Villas	11 Strathaven Drive, Rosetta, Hobart	riverfronthobart.com	经济双床间109澳元，河景双人或双床间130澳元，一卧室别墅175澳元	配有设备齐全的厨房、私人洗衣设施以及水滨烧烤区

名称	地址	网址	参考价格	亮点
Best Western Balmoral Motor Inn	511 Brooker Hwy., Glenorchy, Hobart	www. bestw estern. com.au	标准大号床间149澳元，高级大号床间159澳元，标准双床间169澳元	提供带免费无线网络连接、洗衣设施和免费停车场，设有一家餐厅
Edinburgh Gallery Bed & Br eakfast	211 Macquarie Street, Hobart	www. artacc om.com. au	双床间110澳元，大号床房160澳元	距离萨拉曼卡广场有5分钟车程，距离霍巴特机场有20分钟的车程，提供免费停车场及免费Wi-Fi
Motel Mayfair on Cavell	17-19 Cavell Street, Hobart	mayfa ironca vell.com	标准三人间115澳元，Tasman行政套房145澳元	距离萨拉曼卡广场有10分钟车程，提供免费停车场及免费Wi-Fi，部分客房设有设备齐全的厨房或小厨房

霍巴特百里挑一的经济餐

　　萨拉曼卡广场有各式各样的咖啡馆、酒吧和餐馆，是品尝美食的好去处；生蚝养殖场（Oyster Farm）可吃到新鲜的生蚝和虾；吉百利巧克力厂（Cadbury Chocolate Factory）可品尝美味的巧克力。也可从霍巴特自驾前往煤河谷（Coal River Valley）、德文特山谷（Derwent Valley）或候恩谷（Huon Valley），那里有很多酒窖和葡萄酒酒庄。

经济餐馆推荐

Solo Pasta & Pizza

这是家很出名的美食餐馆，尤其是意大利比萨很受霍尔特人的欢迎。餐馆中装饰有各种照片和大幅海报，很耐人寻味。

旅游资讯

- 50B King Street,Hobart
- 03-62349898
- www.solopastaandpizza.com.au

Machine Laundry Cafe

这家咖啡馆的装修充满了复古味道，食物很美味，尤其是鸡蛋和培根很好吃。此外，还有各色面包与奶酪，配上番茄酱，味道很棒。

旅游资讯

- 12 Salamanca Square,Hobart
- 03-62249922

Da Angelo Ristorante

这家意大利餐厅装饰复古典雅，意大利比萨和意大利面都很美味。这里提供外卖，也可以打包带走。

旅游资讯

- 47 Hampden Road,Battery Point,Hobart
- 03-62237011
- www.daangelo.com

Daci & Daci Bakers

这里有种类丰富的面包和面包卷、颇具特色的糕点，以及美味的咖啡。

旅游资讯

- 9-11 Murray St.,Hobart
- 03-62249237
- dacianddacibakers.com.au

Jackman & McRoss

这里主要提供美味的面包、蛋糕和馅饼，以及品质一流的咖啡，面包、糕点等都是现烤的，很受欢迎。推荐塔斯马尼亚三文鱼脆皮油封肉以及山羊奶酪香草松饼夹羊排。

旅游资讯

- 57-59 Hampden Road,Battery Point
- 03-62233186

Pigeon Hole

Pigeon Hole可谓是霍巴特最好的早餐场所，除了美味的咖啡外，还有新鲜出炉的各种手工精制面包。此外，软奶酪、蜜饯柠檬、西班牙火腿也不容错过。

旅游资讯

- 93 Goulburn St.,West Hobart
- 03-62369306
- www.pigeonholecafe.com.au

霍巴特本地人爱去的购物地

本地人爱去的市场

萨拉曼卡市场

每逢周六，萨拉曼卡广场上便会举办著名的萨拉曼卡市场（Salamanca Market）。在市场上，可以找到时尚的服装、独特的木器、陶器和皮具，以及鲜花、蔬果、图书等，同时还可观赏到街头音乐表演。

旅游资讯

🕐 周六8:00～15:00

萨拉曼卡艺术中心

萨拉曼卡艺术中心（Salamanca Arts Centre）展示有各种美术品、工艺品等，也有很多美术品、工艺品出售。这里的大多数商品都是设计师的最新设计，也是独一无二的设计。

旅游资讯

🏠 Battery Point
📞 03-62348414
📶 www.salarts.org.au

霍巴特不花钱的娱乐活动

不花钱的娱乐活动

攀登惠灵顿南山

沿着Pipeline Track穿过林木茂盛的溪谷到达惠灵顿山，可在山顶山饱览霍巴特、布鲁尼岛、南湾以及塔斯曼半岛的全景。晚上可在山中露营，欣赏壮观的星空美景。

塔斯马尼亚美食节

在塔斯马尼亚美食节上，除了品尝各类美食外，还可参加各种丰富多彩的活动。王子码头（Princes Wharf）及周围地区有许多活动；可以在滨水区进行户外就餐；还可以观看苏利文角（Sullivans Cove）的除夕焰火表演。

霍巴特 → 朗赛斯顿

来回交通

乘长途巴士

从霍巴特可乘坐长途巴士前往朗塞斯顿。

霍巴特到朗塞斯顿的巴士公司			
名称	网址	电话	用时/费用
Redline Coaches	www.tasredline.com.au	1300-360000	2.5小时/41.5澳元
Tassielink	www.tassielink.com.au	03-62357300	2.5小时/31澳元

朗赛斯顿亮点速览

景 奔流峡谷

奔流峡谷（Cataract Gorge）中有两条河流在山谷中交汇，河岸上矗立着巍峨的玄武岩峭壁。这里的森林就如原始森林般仿佛从未开发过，畅游在其中会有很惬意的感觉。

旅游资讯

🏠 4-90 Basin Rd.,Launceston
📞 03-63233000
📶 www.launcestoncataractgorge.com.au

景 维多利亚女王博物馆和美术馆

维多利亚女王博物馆和美术馆（Queen Victoria Museum & Art Gallery）有两个分馆，主要展出原住民传统的贝壳项链、大量殖民地早期画作，还有模拟的老式飞机和铁路工场。

旅游资讯

🏠 2 Wellington St.,Launceston
📞 03-63233777
📶 qvmag.tas.gov.au

景 博格斯酿酒厂

　　博格斯酿酒厂（Boag's Brewery）是塔斯马尼亚人的首选，从1881年起就开始了伟大的酿造工程，在这里可考虑参加"发现之旅"和"啤酒爱好者之旅"。

旅游资讯

🏠 39 William St.,Launceston
📞 03-63326300
🕐 周一至周五9:00起
📶 boags.com.au

霍巴特 → 摇篮山

来回交通

　　从霍巴特自驾前往圣克莱尔湖入口在莱伊尔高速（Lyell Hwy）上的德文特桥（Derwent Bridge），约需2.5小时车程。

摇篮山亮点速览

景 摇篮山

　　摇篮山（Cradle Mountain）是摇圣徒步道（Overland Track）的起点，也是塔斯马尼亚荒原世界遗产区的一部分。摇篮山下坐落着美丽的鸽子湖（DoveLake），其湖水呈美丽的深蓝色，让人惊叹不已。

旅游资讯

🏠 44 Rosevears Dr.,Tasmania
📞 03-63943535
📶 www.cradlemountaintasmania.com

景 摇篮山-圣克莱尔湖国家公园

摇篮山-圣克莱尔湖国家公园（Cradle Mountain- Lake St Clair National）已列入世界文化遗产名录，你可以花上几个小时，体验几个受欢迎的徒步观赏路径，如鸽湖环线（Dove Lake Loop Walk），需1~2小时；摇篮山登顶（Cradle Mountain Summit），需6~8小时；火山湖线（Crater Lake Circuit），需2小时。

霍巴特 → 菲欣纳国家公园

来回交通

从霍巴特自驾前往菲欣纳国家公园，路程168公里，用时约2小时15分钟。

菲欣纳国家公园亮点速览

景 菲欣纳国家公园

菲欣纳国家公园（Freycinet National Park）拥有粉色的花岗岩山脉、洁白的海滩和清澈的海水。在这里，你可以爬上Hazard Ranges观赏酒杯湾的壮观美景，可以乘海上皮艇观赏海豚或驾驶四驱越野车到达历史悠久的灯塔，还可以品尝新鲜美味的食物。

旅游资讯

🏠 Coles Bay Rd.,Coles Bay
📞 03-62567000
📶 www.parks.tas.gov.au/?base=3363

景 酒杯湾

酒杯湾（Wineglass Bay）是塔斯马尼亚岛上最受欢迎的度假胜地之一，在这里可以俯瞰如宝石般的大蚝湾（Great Oyster Bay），同时这里还是游泳、潜水、划船和钓鱼的好去处。

APPEN-DIX 附录

应急电话

澳大利亚应急电话	
名称	**电话**
紧急救助（匪警、急救、消防）	000
非紧急情况报警求助	131444
翻译热线	131450
生命求助热线	131114
酗酒及毒品热线	2-98180444
紧急牙科服务	2-98160308
拨号上网求救	106

驻澳大利亚使领馆

中国驻澳大利亚使领馆			
名称	**地址**	**电话**	**交通**
中国驻澳大利亚大使馆（堪培拉）	15 Coronation Drive,Yarralumla	0418-452387	乘坐100、111、161、312等路巴士到Commonwealth Av Albert Hall下可到
中国驻悉尼总领事馆	39 Dunblane Street,Camperdown	0413-647168	乘坐412、413、439、480、N50等路巴士到Parramatta Rd. Near Larkin St.下可到
中国驻墨尔本总领事馆	75-77 Irving Road,Toorak	0417-114584	乘坐8路有轨电车到Irving Rd./Toorak Rd.下可到

续表

名称	地址	电话	办公时间
中国驻布里斯班总领事馆	Level 9,79 Adelaide Street,Brisbane	0406-318178	乘坐城市火车到中央火车站或罗马街火车站下，然后步行前往
中国驻珀斯总领事馆	45 Brown Stree, East Perth	0416-132339	乘坐92路巴士到Royal St. Royal Square Yellow Cat 4下，然后步行前往
中国驻阿德莱德总领事馆	110 Crittenden Rd. Findon	0423-680789	乘坐117、118路巴士可到

TIPS 外交部领保呼叫中心24小时值班电话为0011-861012308。

出行安全

财物盗抢

　　财物偷盗事件一般会发生在旅游景点、商业中心、餐厅等人员流动性较大的区域。在整个旅行过程中，一旦遭遇行李或贵重物品损坏、丢失、被窃等意外事件，须及时报损、报失或报警，以将损失降到最低限度。值得一提的是，不要携带大量现金出门，也不要露富，同时还要随时留意自己随身携带的物品。此外，要随身携带身份证件或者复印件，当遇到警察检查护照等证件时，应该先让对方出示证件。

护照遗失的情况较为常见，当发现护照遗失后，应及时向当地警察局报失，获得警察局出具的报失证明、丢失护照的书面报告后，再去邻近的中国驻澳大利亚使领馆补办护照。补办护照需提供当地警察局的报失证明，丢失护照的书面报告，丢失护照的复印件、身份证原件及复印件，护照申请表，护照照片。由于补发护照周期长，将给旅行带来很大不便，所以一定要注意保管好护照等重要证件。

健康疾患

由于饮食或者水土不服等因素，初到澳大利亚可能会出现头痛、胃痛、失眠及感冒等病症。尤其是老年体弱者来澳尤其要注意身体健康问题。澳大利亚的医药费昂贵，应提前办理好旅行或医疗保险，否则如果在澳大利亚患病将会给自己带来严重的经济负担。

需要急诊的话，可打急救电话000叫救护车，到达急诊科后先由急诊分诊护士按病情轻重分类，后由医生处理。

TIPS 澳大利亚的医院通常会提供翻译帮助服务，在有"全国翻译标识National Interpreter Symbol"的地方可寻求翻译帮助。

Interpreter

涉水事故

澳大利亚水域辽阔，水上活动丰富，在海上、游泳池、河湖水域中，往往会因为不习水性、在危险水域活动、从事岩钓等危险活动、未采取必要的安全措施、遭受水中动物（如鲨鱼、鳄鱼、箱型水母）攻击等因素造成涉水事故。

为了最大限度地避免涉水事故，最好结伴而行，并谨慎从事浮潜、岩钓等高风险的水上活动，尤其小心离岸流。此外，只能在有安全人员值守的区域从事水上活动，并遵守穿救生衣等安全要求。

留意预警信息

在出发前，应注意浏览中国领事服务网（cs.fmprc.gov.cn），了解与澳大利亚相关的领事服务信息；关注中国驻澳大利亚使领馆官网上发布的动态安全信息，遵从安全指导。此外，还要携带驻澳使领馆的紧急联系方式，做到有备无患。

自驾常识

澳大利亚实行"右舵左行"的原则，也就是驾驶座位在右侧，车辆靠左行驶，与国内相反。澳大利亚的租车公司一般要求租车人年龄至少为21岁。在澳大利亚自驾，需要持有有效的中国护照、签证，以及国内驾照、驾照正式英文翻译件，同时还需在国内事先做好翻译件公证，并随身携带驾照公证书。

> **TIPS** 租车时要购买保险，租车公司的工作人员会向你介绍保险的事情，如果购买了海外旅游意外险，可以考虑不再购买租车公司提供的顾客财产损失险。

租车

租车公司

澳大利亚的租车点有很多，除了机场外，各大公司在澳大利亚各大城市和一些重要城镇里也都设有不少租车点。

澳大利亚主要租车公司推荐			
名称	网址	名称	网址
Hertz	www.hertz.com	Europcar	www.europcar.cn
Avis	www.avis.com	Abel	www.abel.com.au
Thrifty	www.thrifty.com	DIY Car Hire	www.diycarhire.com.au
Budget	www.budget-china.com	—	—

租车比价网站

可提前在网上比较几家大型租车公司的价格，然后再选择最合算的进行预订。

租车比价网站推荐		
名称	**特色**	**网址**
租租车	提供多国完善的租车代理服务	www.zuzuche.com
Discovery	提供Avis、Budget、Europcar、Hertz、Thrifty的比价服务	www.discovery-carhire.com.au
Rent New Cars	提供Thrifty和Europcar的比价服务，价格低，不过取消或更改起来比较麻烦	www.rentnewcars.com.au
DriveLater	性价比较高的租车比价网	www.drivelater.com.au
Rentalcars	主要提供几大租车公司的比价服务	www.rentalcars.com
VroomVroomVroom	可比较各大租车公司的价格	www.vroomvroomvroom.com.au
DriveNow	澳大利亚租车预订网站，是一个比较靠谱的租车比价网	www.drivenow.com.au

需携带物品

中英文地图

到网上或书店买一份澳大利亚最新的中英文对照地图，也可到当地机场旅游服务中心索取，有些加油站也会提供免费地图。澳大利亚地广人稀，尤其是在内陆地区，电子设备往往接收不到信号，因而携带一份中英文纸质地图可以备不时之需。

GPS导航仪

GPS导航仪是在国外不熟悉路况的情况下必备的物品，能够提供路线规划、语音提示和图像提示等服务。

必备物品

在外自驾，尤其是前往偏远的野外或者是内陆地区，尽量随车携带急救包、足够的水、指南针，以及汽车备用轮胎等物品，以应对自驾时的突发情况。要注意，内陆地区12月至次年2月为雨季，此时前去对自驾会有很大的不便。

自驾注意事项

避让行人和校车

行人在人行通道上拥有绝对通行权，当有行人通过道路时，必须先停车让行人先通过。此外，当遇到校车时，应减速行驶。

必须系好安全带

司机和乘坐者（无论前排还是后排）均须系好安全带，孕妇可视情况而定，婴幼儿须使用儿童安全椅，否则会被罚款。

切勿疲劳、超速、醉酒或无照驾驶

在街道或公路上通常都设有测速摄像头，超速行驶会被重罚。要注意，不同路段、不同时间段的车速限制也有所不同，在学校周围早上和下午往往限速40公里/小时。一定不要醉酒和无照驾车，这属于刑事犯罪，将被罚款甚至入狱。

注意路况

澳大利亚的路况总体较好，但行车道比中国窄一些，很多高速公路为单向两车道，在开车时，要随时留意路况和周边环境，以免行人或者野生动物突然穿行时不能及时应对。

开车前灯

在日出前和日落时，要开车前灯，平时不要开。不过当遇到一些野生动物，如袋鼠、鸸鹋等穿越没有防护栏的公路时，它们经常会被汽车前灯吸引停下，此时可以暂时关掉前灯。